CACTÉES

Ferocactus stainesii

YVES DELANGE

Cactées

COMMENT LES CHOISIR ET LES CULTIVER FACILEMENT

ULMER

Sommaire

INTRODUCTION

Si les Cactacées sont présentes naturellement dans toute l'Amérique, le Mexique est exceptionnellement riche. C'est sans doute le pays qui illustre le mieux l'importance qu'avaient ces plantes dans les civilisations amérindiennes. Les chroniques Aztèques, le Codex Mendoza notamment, en faisaient déjà mention au XIVe siècle. À la suite d'une prophétie, une partie de ce peuple entraînée par des prêtres transportant avec eux des effigies sacrées, partit à la recherche d'un lieu où ils se trouveraient en présence d'un cactus supportant un aigle dévorant un serpent. Lorsqu'une telle rencontre eut lieu, ils y établirent leur capitale, Tenochitlan, devenue par la suite Mexico. C'est ainsi qu'en 1822, le général Iturbide attribua l'emblème de la dite cité aux armoiries nationales du pays : un aigle perché sur un nopal (*Opuntia* sp.). Cette famille végétale était d'autant plus importante à leurs yeux que plusieurs de ses représentants pourvus de propriétés hallucinogènes servaient à des fins rituelles.

Les Cactacées séduisent aujourd'hui un très large public, souvent fasciné par la beauté de leurs fleurs et l'imposante grandeur de nombreuses espèces. Plus de deux mille espèces ont été à présent décrites et elles occupent dorénavant une place de choix parmi les collections d'amateurs et les plus prestigieux jardins botaniques.

▼ *Opuntia ficus-indica*, le figuier de Barbarie, originaire du Mexique, aujourd'hui répandu sur tout le pourtour méditerranéen.

Connaître les

Les Cactées sont pourvues d'aptitudes exceptionnelles qui leur permettent de vivre dans des conditions extrêmes caractérisant les déserts, les steppes et les montagnes arides d'Amérique tropicale et subtropicale. Seules quelques rares espèces petites, épiphytes ont sans doute migré, vers des contrées éloignées : l'Afrique, Madagascar, les îles Mascareignes et même le Sri Lanka ; elles sont du reste peut-être originaires de ces pays.

LA CONSTITUTION DES CACTÉES

Les genres et espèces les plus connus ont des formes soit globulaires soit colonnaires (dites céréiformes : « en forme de cierge »). Quelques-uns sont arborescents ou arbustifs, et certains groupes atypiques sont représentés par des plantes développant des feuilles (*Pereskia*), tandis que d'autres forment des articles aplatis (*Opuntia*).

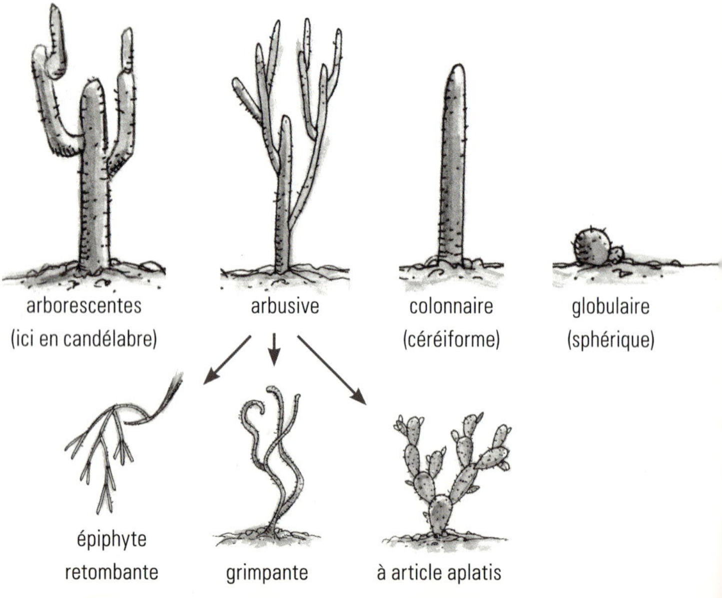

▸ Principales formes de croissance des Cactées :

Cactées

▲ L'aréole, cette zone claire qui porte les aiguillons est caractéristique des Cactées (ici *Ferocatus emoroy*).

▸ L'ARÉOLE, UNE SPÉCIFICITÉ DES CACTÉES

Toutes les Cactées, quel que soit le groupe auquel elles appartiennent, sont caractérisées par la présence d'aréoles. Généralement très nombreux, ces organes spécifiques se forment là où habituellement naissent des tiges et des feuilles. Ils sont constitués d'aiguillons, ou de soies, dont l'origine est épidermique (ce qui botaniquement les distingue des épines qu'on ne peut arracher sans blesser la plante, contrairement aux aiguillons), et de glandes. Chez certaines espèces appartenant au genre *Opuntia*, les aréoles comportent des glochides, minuscules aiguillons barbelés qui pénètrent dans les chairs et dont la présence rend la manipulation fort désagréable. Les aréoles peuvent être présentes sur les fruits ; chez les figues de Barbarie, elles en rendent la cueillette difficile.

Chez une grande proportion de Cactacées globulaires, les aréoles se trouvent sur des mamelons, petits organes en forme de mamelle, lesquels caractérisent en outre le genre *Mamillaria*.

Chez de nombreuses espèces, les aréoles sont alignées sur des côtes ; la présence de celles-ci facilite la dilatation ou la contraction se produisant à la suite de l'absorption d'eau puis de la diminution de la quantité de sève contenue dans la plante.

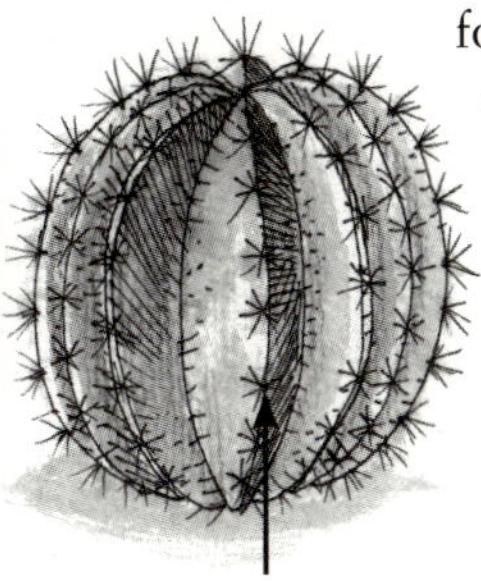

Aréoles disposées sur des côtes

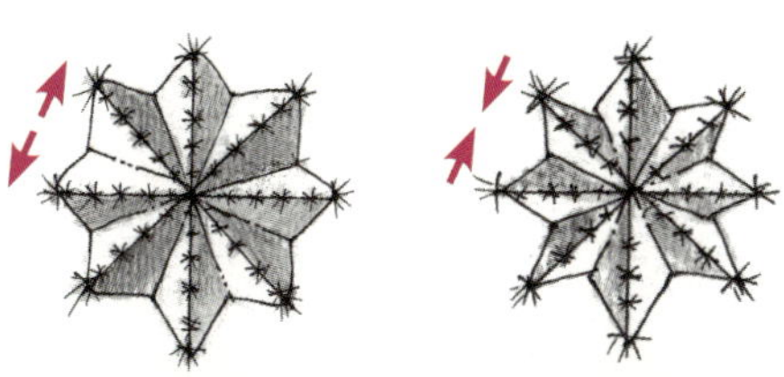

◂ Les côtes des Cactées, en fonctionnant à la manière d'un accordéon, facilitent les changements de volume qui permettent à la plante de stocker l'eau.

LES ORGANES AÉRIENS

Les feuilles ne sont normales et persistantes ou semi-persistantes que chez les *Pereskia*. Elles sont succulentes chez de rares représentants, tel *Cylindropuntia subulata* du Pérou. Tous les autres organes aériens sont des tiges globulaires, colonnaires ou constitués d'articles. Ces articles sont délimités de part et d'autre par deux étranglements ou articulations. Ils se traduisent souvent par une aptitude remarquable à la multiplication végétative. Dans la nature, ces articles qui sont des fragments de tiges, correspondent chez *Cylindropuntia* notamment à autant de boutures potentielles pouvant se détacher spontanément ou à la faveur du passage d'un troupeau. Tombés sur le sol, ces organes donnent naissance à des individus nouveaux. La quantité d'eau mise en réserve sous la forme de sève peut être considérable. Ainsi chez les cierges géants tels *Cereus, Neobuxbaumia, Pachycereus* ou *Carnegia* au Mexique, les sujets les plus imposants peuvent représenter des réservoirs de plusieurs centaines de litres, voire plusieurs tonnes d'eau. Ainsi ces plantes peuvent-elles faire face à de très longues et intenses périodes de sécheresse.

LES RACINES

Elles sont ches les Cactées généralement superficielles et étendues mais parfois pivotantes et renflées chez certaines espèces, pouvant alors constituer d'importants organes de réserve (*Ariocarpus*, *Lophophora*, *Copiapoa atacamensis*, etc.). Elles sont peu développées chez les espèces épiphytes.

Système racinaire traçant (superficiel)

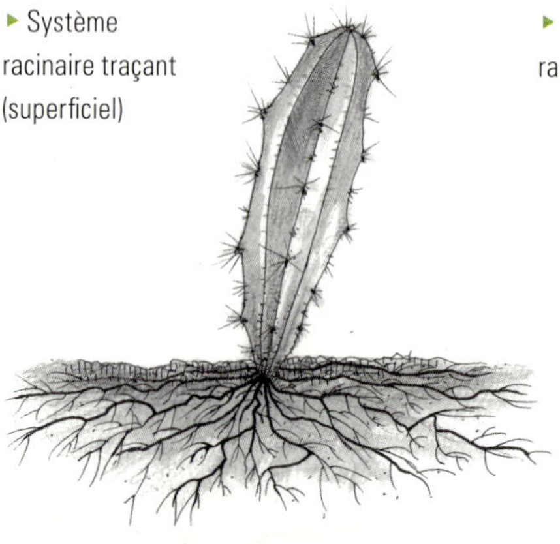

Système racinaire pivotant

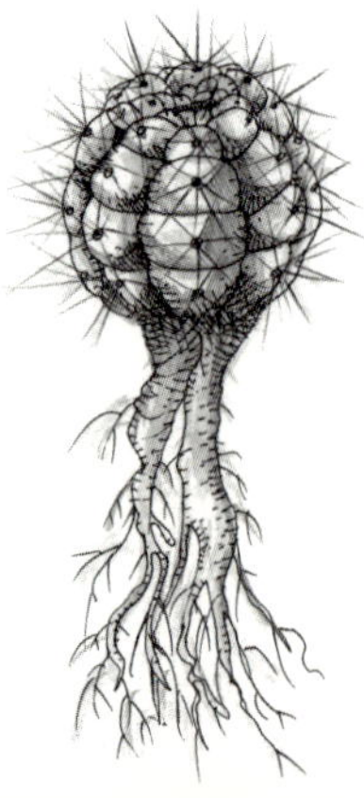

ÉVOLUTION DES TIGES CHEZ LES CACTÉES
(d'après Götz et Gröner)

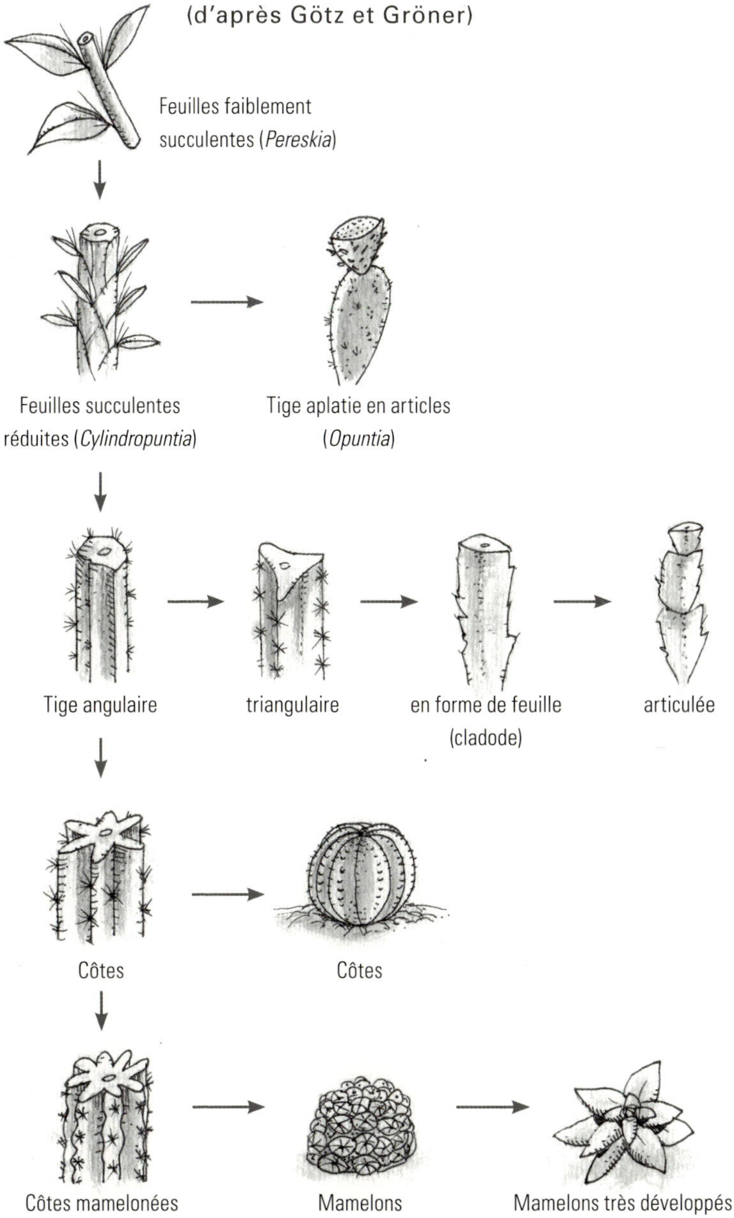

LES FLEURS

Elles présentent un attrait de premier ordre. Dans la nature, la fécondation par les insectes et par les oiseaux, tel les colibris attirés surtout par les couleurs vives, rouge jaune et vert, compose un véritable spectacle. Les segments colorés dits sépaloïdes et pétaloïdes, se confondent le plus souvent; ils sont disposés en spirale, formant un tube à la base de l'organe. L'ovaire est pourvu d'aréoles, de bractées plus ou moins écailleuses. Les étamines sont longues, nombreuses, accompagnant un pistil bien développé. Des naturalistes, notamment J.H. Fabre dès le XIXe siècle, ont souligné la sensibilité tactile des étamines lesquelles fréquemment, chez les Opuntia en particulier, se rapprochent brusquement du pistil quand la fleur est visitée par un insecte. Mais ces fleurs exigent, pour s'épanouir pleinement, un intense ensoleillement et de la chaleur ambiante. Le fruit est une baie, souvent de couleur rouge, de grosseur très variable.

La floraison constitue un des attraits majeurs des Cactées et un sujet de recherche fertile pour les hybrideurs. Ci-contre : 'Ghana' un hybride récent de Trichocereus (photos Kakteen-Willi).

LES HABITATS NATURELS DES CACTÉES

La plupart des spécialistes considèrent aujourd'hui que la région d'Amérique à partir de laquelle a eu lieu la dispersion des Cactacées serait située dans les Caraïbes, là où croissent des plantes à feuilles bien développées, les *Pereskia*. C'est à partir de là qu'elles auraient commencé à migrer en direction de milieux de plus en plus arides, s'adaptant alors à la sécheresse, notamment en réduisant leur surface d'évaporation. Ainsi, petit à petit au cours de millions d'années pendant lesquelles a eu lieu cette conquête de nouveaux territoires, ces plantes ont acquis des formes globulaires ou bien en colonnes, réduites ou bien géantes; leurs feuilles ont progressivement disparu et les échanges vitaux (respiration, transpiration, assimilation chlorophyllienne) sont réalisés à partir d'une surface réduite, c'est-à-dire au niveau des tiges, des côtes et des mamelons.

Certaines Cactacées ont conquis des terres soumises au gel pendant une partie de l'année. Ainsi, plusieurs *Opuntia* tel *O. compressa* habitent les froides latitudes du Canada. Nous pouvons voir en serre froide dans de nombreuses collections *Coryphantha vivipara* originaire de l'Ouest canadien. Des *Tephrocactus* et des *Pterocactus* ont colonisé des secteurs froids de la Patagonie. De même des *Matucana*, des *Oroya* et des *Oreocereus* supportent en hiver les températures glaciales des hautes montagnes andines, dépassant parfois l'altitude de 4000 m.

Mais les secteurs les plus riches en Cactacées sont situés à des latitudes tropicales et subtropicales, là surtout où la pluviométrie se situe entre 200 et 500 mm par an, avec une saison sèche de longue durée et prononcée. Si le Sud des USA héberge de nombreux cactus, en particulier l'Arizona, le Nouveau Mexique, le Texas et la Californie, c'est le Mexique qui comprend à cet égard, le plus grand nombre de territoires riches, comportant au moins 75 % de plantes endémiques. Les hauts plateaux vers le Nord mexicain et les

▾ *Pereskiopsis diguetii*. Les Pereskioidées, plus « primitives », sont aujourd'hui considérées comme étant à l'origine de toutes les autres Cactacées.

régions montagneuses au Sud de Mexico recèlent des trésors à cet égard.
En Amérique Centrale, dans des contrées moins arides, prospère une profusion de Cactées épiphytes : *Aporocactus, Epiphyllum, Rhipsalis, Hylocereus*, ainsi que nombre de genres autres, qui en Amérique du Sud se sont établis dans des secteurs d'altitude et des sous-bois, tels les *Zygocactus* et les *Schlumbergera*.
Il ne faut pas perdre de vue non plus l'importance des Cactacées dans l'Amérique insulaire. Ainsi, les îles Galapagos hébergent de grandes espèces telles *Jasminocereus thouarsii*, qui atteint 7 à 8 m de hauteur, et *Opuntia galapageia* var. *gigantea* qui, à l'île Santa Cruz, atteint 12 m de haut. L'archipel des Antilles est riche en différentes espèces intéressantes, rencontrées à Cuba, en Jamaïque et dans les Petites Antilles, avec en particulier des *Hylocereus*, des *Opuntia* et des *Melocactus*. Des espèces épiphytes sont souvent présentes dans les formations littorales.

◂ *Pachycereus weberi*, dans son milieu naturel au Mexique (état de Puebla, région de Tehuacan). Certains, parmi ces cactus monumentaux, s'élèvent à près de 20 m de hauteur et peuvent peser plus de 25 tonnes.

LES UTILISATIONS DES CACTÉES

Ces végétaux pour la plupart gorgés de sève ont certainement sauvé bien des vies humaines lors d'expéditions dans les territoires désertiques américains. Ces plantes sont du reste parfois abusivement exploitées par des éleveurs, par exemple des chevriers qui décapitent des plantes globulaires de fort calibre dont les tissus gorgés de sève peuvent désaltérer et nourrir les bêtes. Diverses variétés améliorées d'*Opuntias inermes* (sans aiguillons) ont été obtenues par sélection, au Mexique notamment, et sont cultivées comme plantes fourragères dans de nombreux pays arides. En Australie, ces races introduites se sont malheureusement propagées, provoquant parfois de véritables catastrophes écologiques. *Opuntia cochenillifera* et *O. tomentosa*, espèces mexicaines, ont elles aussi été introduites sur d'autres continents afin de pratiquer l'élevage de la cochenille *Coccus cacti*, comme le faisaient

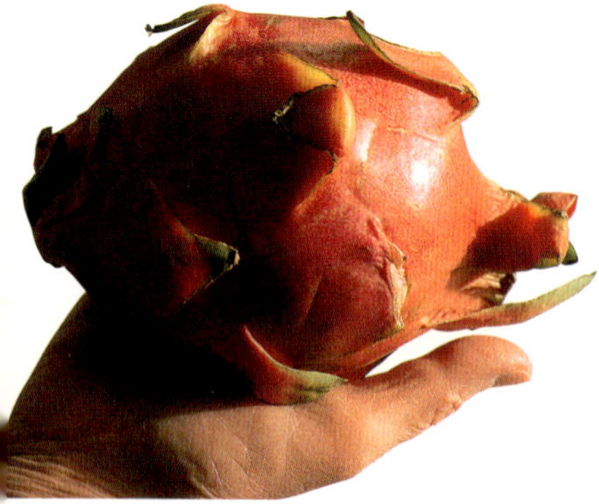

▲ La Pitahaya, fruit de *Hylocereus triangularis* (syn. *H. undatus*) originaire de la Jamaïque, est un fruit alimentaire rouge apprécié et répandu dans le commerce jusqu'en Europe.

déjà les Aztèques pour teindre en rouge les plus belles parures de leurs souverains. La substance rouge obtenue constitue encore de nos jours un colorant alimentaire très apprécié. Le figuier de Barbarie ou de Berbérie, *Opuntia ficus-indica* du Mexique, introduit dans le secteur méditerranéen surtout, est largement exploité pour ses fruits succulents. *Opuntia vestita*, espèce bolivienne, est cultivé au Brésil essentiellement pour ses graines dont on extrait une huile servant à la fabrication de savons. Sur de très nombreux marchés de campagne en Amérique, on propose des fruits de cactus, gros ou petits, récoltés sur différents genres : *Myrtillocactus, Mamillaria, Melocactus*, mais aujourd'hui, ces plantes sont protégées par la législation. Les cardons obtenus à partir des troncs de *Trichocereus thelegonus* servent de matériau de construction dans l'Ouest de l'Argentine. Certaines Cactacées riches en divers alcaloïdes ont des propriétés hallucinogènes : *Trichocereus pachanoi* en Bolivie, Équateur et Pérou, *Lophophora*

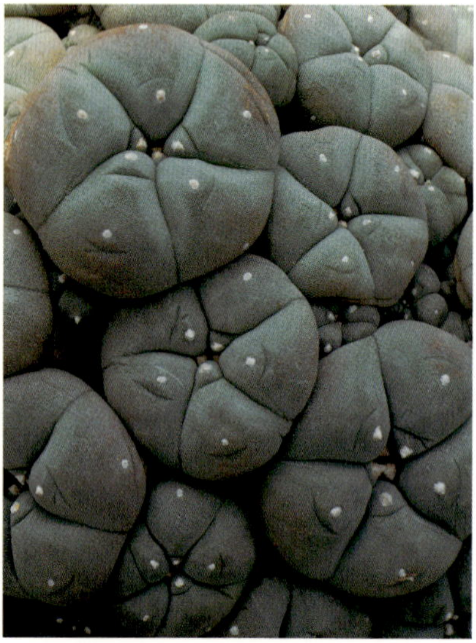

◄ *Lophophora williamsii*, plus connu sous le nom de *peyotl* (voir p. 120).

williamsii au Mexique et aux USA ; *Selenicereus grandiflorus*, le cierge du clair de lune très largement dispersé en Amérique Centrale, contient des alcaloïdes et des glucosides utilisés par l'industrie pharmaceutique pour ses propriétés diurétiques et tonicardiaques. *Trichocereus pasacana* en Argentine développe des aiguillons atteignant 10 cm, employés comme aiguilles à coudre. Les *Pilosocereus* au Mexique et dans les Antilles ainsi que les *Cephalocereus* mexicains, produisent quant à eux une fibre laineuse comparable au kapok.

▼ *Pachycereus marginatus* est très apprécié au Mexique pour réaliser des haies (voir p. 62).

Cultiver les

Les Cactées (mises à part les épiphytes) ont besoin de beaucoup de lumière et de températures plus ou moins élevées selon les espèces. Très adaptables concernant ce dernier point, il faut cependant noter que la plupart des espèces ont besoin d'un repos hivernal marqué, c'est-à-dire de températures plus fraîches pendant les mois les moins ensoleillés et d'une absence totale d'arrosage. C'est à cette condition qu'elles pourront être maintenues longtemps en bonne santé et fleurir.

▾ Le littoral méditerranéen, comme ici au Jardin d'Eze dans les Alpes Maritimes, est le plus propice à la culture en plein air des Cactées…

LES EXIGENCES CLIMATIQUES ET LA CULTURE

Si la plupart des Cactées doivent impérativement être élevées sous abri (appartement ou serre), certaines cependant peuvent être cultivées en plein air (la région méditerranéenne étant privilégiée).

Cactées

▸ LA CULTURE EN PLEIN AIR

Seul un petit nombre d'espèces peut être cultivé en pleine terre et en plein air sous les climats tempérés alors qu'il y en a beaucoup plus qui croissent naturellement sous des climats gélifs : pourquoi ? C'est que ces plantes, pendant la saison hivernale, sont rarement aptes à endurer conjointement le froid et l'humidité. Pendant l'hiver en Europe, les pluies sont abondantes et toutes les Cactacées (et les autres plantes succulentes) se gorgent d'eau et le gel provoque l'éclatement des cellules, puis leur pourriture. Par ailleurs, il ne faut pas perdre de vue que ces plantes, pour être belles, doivent bénéficier nécessairement de très nombreuses heures d'ensoleillement. Plus l'atmosphère sera longtemps sèche, le ciel dégagé, mieux ces végétaux se porteront et produiront des fleurs en abondance. En tout cas, lorsqu'elles sont cultivées là où les hivers sont rigoureux, les espèces choisies en raison de leur résistance au froid devront être installées obligatoirement dans une rocaille exposée au midi, protégée du vent et très efficacement drainée. Plus le sol sera sec et plus ces végétaux auront des chances de se maintenir en vie. Ce qui conduira à leur perte, ce sont les brouillards persistants, l'air froid et humide stagnant, les sols lourds dans lesquels l'eau s'évacue difficilement. Ce sont donc les régions d'altitude où l'hiver n'est pas trop rigoureux et surtout celles soumises au climat méditerranéen qui sont les plus aptes à accueillir ces plantes pour y être cultivées en plein air.

▲ Mais leur culture reste possible sous d'autres climats très privilégiés, comme ci-dessus, au Jardin exotique de Roscoff, à la pointe bretonne.

LES CACTÉES CULTIVABLES EN PLEIN AIR EN RÉGIONS TEMPÉRÉES

Acanthocalycium
– *spiniflorum* - 4 °C
Echinocereus
– *coccineus* - 20 °C
– *engelmannii* -12 °C
– *fendleri* - 15 °C
– *polyacanthus* - 12 °C
– *reichenbachii* - 12 °C
– *stramineus* - 15 °C
– *viridiflorus* - 12 °C
Echinopsis
– *pasacana* - 12 °C
Escobaria
– *missouriensis* - 15 °C
– *organensis* - 20 °C
Gymnocalycium
– *bruchii* - 15 °C
– *calochlorum* - 20 °C
– *gibbosum* - 15 °C
Lobivia
– *silvestrii* - 10 °C
Mammillaria
– *heyderi* - 12 °C
– *wrightii* - 12 °C
Opuntia
– *camanchica* - 20 °C
– *clavata* - 15 °C
– *cyclodes* - 20 °C
– *davisii* - 15 °C
– *engelmannii* - 12 °C
Opuntia (suite)
– *erinacea* - 12 °C
– *humifusa* - 15 °C
– *imbricata* - 10 °C
– *microdisca* - 20 °C
– *phaeacantha* - 18 °C
– *polyacantha* - 18 °C
– *viridiflora* - 15 °C
Pediocactus
– *simpsonii* - 15 °C
Sclerocactus
– *glaucus* - 20 °C
– *mesa-verde* - 20 °C
– *spinosior* - 20 °C
– *wrigtiae* - 20 °C

▲ Les températures indiquées dans la liste ci-dessus constituent une référence qu'il ne faut pas prendre à la lettre car l'action conjuguée du froid et de l'humidité n'est pas prise en compte. De même des froids tardifs intervenant sur des végétaux gorgés de sève sont beaucoup plus nuisibles.

À Monaco, où se trouve le célèbre Jardin Exotique, la température moyenne hivernale se situe entre + 7 °C et + 9 °C et l'on y compte 216 jours sans nuages par an.

▸ LA CULTURE SOUS ABRI

Quand on dispose d'un local permettant de maintenir les plantes au sec et bien éclairées pendant la saison froide, il est alors possible de les cultiver en nombre jusqu'à constituer une véritable collection. L'idéal est la serre, mais la culture en appartement est tout à fait possible, d'autant plus que les Cactées sont des plantes résistantes et, jusqu'à un certain point, adaptables.

Sous serre

Les serres représentent le type de local le mieux adapté parce que la lumière peut y entrer à profusion. D'une façon générale, le meilleur matériau de couverture est sans aucun doute le verre, simple ou double. Évitez les verres de fantaisie, lesquels peuvent provoquer des « effets de loupe » au niveau de

l'épiderme. Un ombrage (claies, toiles intérieures, peintures à ombrer) devra nécessairement protéger les plantes en été pour éviter un échauffement excessif.
En hiver, les températures ne devront pas descendre en dessous d'un certain niveau, variable selon les plantes et leur origine géographique. Pour cela, on sera conduit à utiliser, comme il sera indiqué dans les fiches, une serre froide, tempérée ou chaude :
- **La serre froide :** toujours maintenue hors gel, elle est équipée d'un matériel de chauffage assurant une température hivernale se situant entre 4 °C et 12 °C, qui convient à la majorité des espèces. Les plantes originaires de hauts plateaux mexicains ou bien des altitudes andines ont du reste besoin d'une telle période de refroidissement, laquelle correspond à un repos physiologique marqué.
- **La serre tempérée :** son atmosphère doit pouvoir, en saison froide, être toujours maintenue à une température minimum de 15 °C.
- **La serre chaude :** la température doit ici se situer entre 22 °C et 25 °C, jamais au-dessous de 20 °C. Une partie de

▾ Très belle collection de Cactées (et autres succulentes) maintenue sous serre.

cette serre peut être utilisée pour les opérations de multiplication (semis, bouturage, greffage) avant leur transfert après plusieurs semaines ou parfois plusieurs mois, dans une autre serre (parmi celles désignées ci-dessus). Les éleveurs professionnels disposent, pour la reproduction, d'une serre à multiplication spécialement équipée pour obtenir rapidement un grand nombre de plantes. La température y est maintenue à 25-30 °C, avec une hygrométrie plus élevée. Des Cactacées très frileuses, par exemple des *Melocactus* ou des *Discocactus*, surtout s'il s'agit d'espèces originaires de régions littorales tropicales, ne peuvent être conservées longtemps qu'en serre chaude ; il ne peut être envisagé de les maintenir en appartement.

▾ Dans la maison, placez vos Cactées le plus près possible d'une fenêtre bien éclairée (mais abritée des courants d'air).

Dans la maison

Les appartements, lorsqu'ils sont lumineux, ensoleillés et pourvus de grandes fenêtres, permettent de maintenir pendant longtemps de belles plantes. Les Cactées doivent être placées le plus près possible des fenêtres. Ne perdons jamais de vue que même à faible distance d'une fenêtre, ne parvient que 50 % de la lumière du jour, et seulement 10 à 20 % dans les parties plus reculées. Seules les Cactées épiphytes (voir p. 68) supportent des emplacements moins lumineux et doivent être en permanence protégées de l'ensoleillement direct.

Selon la façon dont ces logements sont chauffés, leur température peut correspondre à celle de la serre froide, de la serre tempérée ou de la serre chaude (voir indication dans les fiches). Ces températures sont particulièrement importantes à respecter l'hiver si l'on veut les faire fleurir et les garder sur le long terme.

EN HIVER : DANS UN LOCAL PLUS FRAIS

Il est recommandé de placer en hiver les Cactées de serre froide dans un local lumineux mais nettement plus frais que le reste de la maison (véranda, jardin d'hiver, garage bien éclairé), à une température oscillant la nuit entre 4°C et 12 °C. D'une façon générale, plus la lumière disponible pour la plante diminue, ce qui est le cas en hiver, plus la température doit être réduite. En effet, quand la lumière diminue, la plante photosynthétise moins, mais si la température reste identique, elle consomme toujours autant d'énergie en respirant : la plante « brûle » alors plus d'énergie qu'elle n'en reconstitue et, si ce régime dure trop longtemps, elle finit par s'épuiser. Il est également important que l'air soit, en hiver, le plus sec possible.

▲ La plupart des Cactées ont besoin en hiver de températures inférieures et d'absence d'arrosage. Si ce n'est pas le cas, comme sur le dessin ci-dessus, la plante manifeste une croissance déformée et finit par s'épuiser.

EN ÉTÉ : À L'EXTÉRIEUR

La sécheresse de l'atmosphère en appartement constitue fréquemment un handicap pour ces plantes : dans la nature et même dans une serre, l'hygrométrie est relativement élevée la nuit et la température plus basse, ce qui « repose » la végétation.

Mais le facteur le plus limitant en intérieur reste le manque de lumière. Vos plantes se porteront donc beaucoup mieux si, depuis la mi-mai à la mi-octobre, vous les installez au jardin ou sur votre balcon. Là, elles bénéficieront de l'ensoleillement direct, lequel constitue le meilleur remède contre l'étiolement, pas toujours visible, résultant d'un séjour prolongé dans un lieu peu éclairé. En outre, l'eau de pluie est irremplaçable pour les arrosages. Après leur sortie, et surtout dans le midi, il ne faudra pas les exposer trop brutalement à l'ensoleillement direct. Un ombrage dégressif permettra d'éviter les brûlures parfois graves sur l'épiderme. Les espèces épiphytes profiteront également d'être installées à l'extérieur en été, à condition de les protéger en permanence de l'ensoleillement direct. Vous étonnerez vos amis en leur montrant les floraisons explosives des *Epiphyllum* ou des *Zygocactus* suspendus parmi les branches d'un arbre de moyenne grandeur.

▸ En été, les Cactées se portent mieux si elles sont placées à l'extérieur, où elles profitent de l'ensoleillement direct, de l'eau de pluie et des températures nocturnes plus fraîches.

CE QU'IL FAUT RETENIR SUR LES EXIGENCES CLIMATIQUES

• Les Cactées ont besoin d'un emplacement le plus lumineux possible (en appartement : le plus près d'une fenêtre ensoleillée).

• Les Cactées ont besoin *d'une température minimum* différente selon les espèces : 4 °C pour les espèces « de serre froide », 15 °C pour les espèces « de serre tempérée », 20 °C pour celles « de serre chaude ».

• Il n'est pas nécessaire de posséder une serre pour les cultiver mais il faut essayer d'en reproduire les conditions, même si les Cactées sont assez souples quant à leurs conditions de culture.

• En hiver, les espèces « de serre froide » qui représentent une large part des Cactées, ont besoin de températures plus fraîches (entre 12 °C et 4 °C, jusqu'à 0 °C pour certaines). En appartement il faudra donc les placer dans un local séparé, frais et lumineux, si l'on souhaite les garder longtemps et les faire fleurir.

• En été, il est bénéfique de placer les Cactées d'appartement à l'extérieur en plein soleil (sauf les épiphytes).

LA TERRE ET LES SUBSTRATS DE CULTURE

Les Cactacées poussent dans la nature dans des milieux extrêmement différents. Mais, heureusement, ces végétaux possèdent de grandes facultés d'adaptation qui permettent de les cultiver dans des milieux relativement uniformes, comme le font les professionnels.

▸ LE SUBSTRAT GÉNÉRAL POUR CACTÉES

D'une manière générale, il convient d'utiliser des mélanges terreux perméables. On peut conseiller un mélange comportant environ :

- 1/3 d'éléments assurant cette perméabilité : gravier, sable grossier, brique pilée, pouzzolane
- 1/3 de terre de jardin ordinaire, contenant de l'argile et des éléments organiques peu décomposés
- 1/3 de terreau de feuilles bien décomposé (2 à 3 ans) et tamisé.

Chacun pourra aussi établir des recettes en fonction de sa propre expérience. Les mélanges pour Cactées disponibles dans le commerce sont également tout à fait recommandables. Il faut que la base des plantes (collet) soit bien dégagée, protégée de l'humidité stagnante, par exemple en étalant une couche de gravier au-dessus des racines.

▾ Pour toutes les Cactées, il faut éviter d'utiliser les godets et pots en matière plastique, même si ceux-ci sont courants chez les professionnels. Pour les garder sur le long terme, ayez recours autant que possible aux poteries en terre cuite, donc perméables.

▸ LE SUBSTRAT POUR ÉPIPHYTES

Les Cactées épiphytes (p. 68) ont des exigences particulières et doivent vivre dans un milieu très différent, comportant :

- au moins 1/2 de terreau de feuilles
- 1/4 de sable de gros calibre
- 1/4 de tourbe.

Là aussi, chacun orientera ses choix en tenant compte de son expérience, mais aussi des ressources locales en matériaux. Ainsi, les racines de polypode (fougères) ou les fibres récoltées sur certains palmiers peuvent très bien convenir.

LE REMPOTAGE

Les Cactées sont des plantes très peu gourmandes. Elles absorbent des éléments nutritifs en quantité restreinte. C'est pour cette raison que dans les collections, les personnes non averties trouvent que les pots sont très petits par rapport au volume des plantes. Il en est ainsi, parce que si d'emblée on empote un sujet dans un pot beaucoup plus grand que la plante, celle-ci développe ses racines à la périphérie et plus tard, le centre de la motte sera inutilisé.

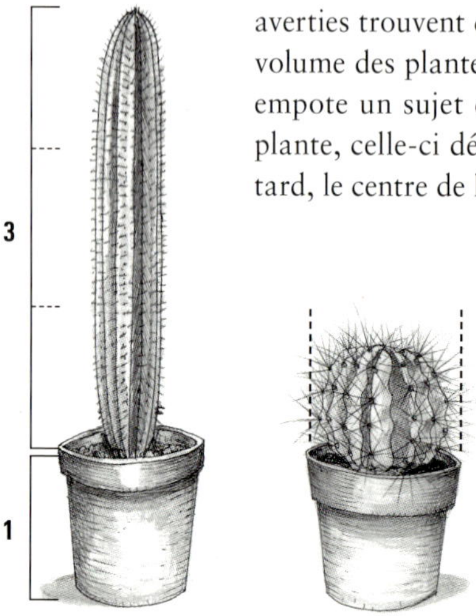

Cactée colonnaire   Cactée globulaire

Relation optimale entre le pot et la plante

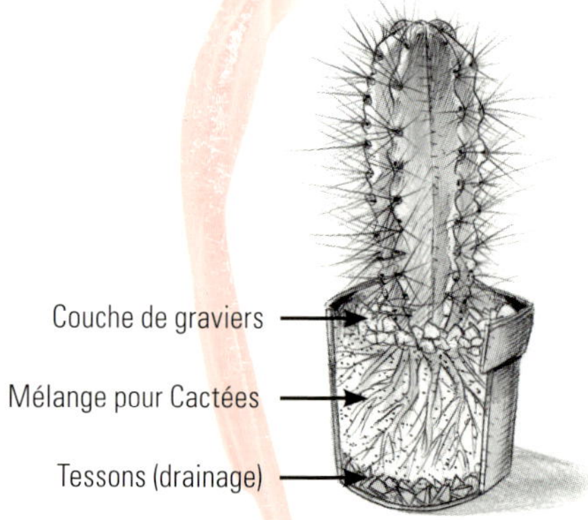

Tous les 2 ou 3 ans, il faut procéder au rempotage (en ayant recours au même type de mélange terreux) dans un récipient un peu plus grand. On peut même rempoter utilement en replaçant le végétal dans un pot de même diamètre mais, le fait d'avoir réduit la motte et taillé les racines du pourtour provoque l'émission de nouveaux organes souterrains, lesquels s'alimenteront dans une terre ainsi renouvelée. Le rempotage se pratique au printemps, avant ou juste après la floraison.

◂ Des gants ou du papier journal sont souvent utiles pour dépoter les plantes !

COMMENT REMPOTER

1. On dépote la plante en renversant le pot et en tapotant le bord de celui-ci contre le rebord de la table pour extraire la motte. Cette dernière est donc ensuite « rafraîchie », c'est-à-dire que l'on coupe au sécateur ou à la serpette une partie du chevelu (racines les plus fines).

2. La motte ainsi réduite est à nouveau placée dans le récipient (godet ou pot percé) au fond duquel on aura pris soin de placer quelques tessons assurant le drainage.
On remplit de mélange terreux l'espace situé entre la motte et la paroi du pot puis on le tasse à l'aide d'une spatule.

3. Il ne faut pas remplir totalement le pot mais laisser une petite « cuvette d'arrosage », dans laquelle l'eau sera retenue, aura le temps de se laisser absorber lors des apports d'eau. Il ne faut pas arroser aussitôt, mais seulement une semaine plus tard, afin que les racines coupées aient eu le temps de se cicatriser.

1

2

3

CE QU'IL FAUT RETENIR SUR LA TERRE ET LES SUBSTRATS

• Les Cactées ont besoin d'un substrat terreux très perméable, globalement identique pour toutes les espèces, sauf pour les espèces épiphytes qui ont besoin d'un substrat particulier.
• Le pot doit être relativement petit. Contrairement aux autres plantes en pot, les Cactées ne profitent pas d'être empotées dans un pot plus grand que nécessaire.
• Rempotez-les tous les 2-3 ans, dans des pots de terre cuite de préférence aux pots en plastique.

L'ARROSAGE ET LA FERTILISATION

Les Cactacées étant pour le plus grand nombre originaires de milieux arides, les arrosages doivent être distribués en connaissance de cause, de façon très méthodique. La culture de ces plantes présente un avantage : quand nous nous absentons, elles supportent allègrement les privations en eau. Mais attention, quand on arrose trop abondamment et sans discernement un cactus, il pourrit.

▸ EN HIVER : PAS D'ARROSAGE

Le premier principe à retenir, c'est la nécessité absolue pour la plupart d'entre elles d'observer un repos hivernal. En principe, de novembre à janvier, aucun arrosage ne doit être distribué, à moins que vous disposiez d'une serre éclairée et intensément chauffée même au cœur de l'hiver. Il convient de procéder aux arrosages avec souplesse, c'est-à-dire en diminuant les apports d'eau à partir du mois d'octobre, puis de les stopper.

▲ Le cas particulier des épiphytes : originaires des régions forestières tropicales plus humides, elles doivent bénéficier d'arrosages plus réguliers afin que leurs racines en partie aériennes ne se déshydratent pas.

▸ EN ÉTÉ : DES ARROSAGES COPIEUX

Les arrosages seront repris, d'abord progressivement, début mars. Des arrosages abondants pratiqués brutalement après une longue période de repos risquent de provoquer un gonflement et un éclatement des tissus, comme cela arrive parfois dans les cultures de melons. Lorsque la végétation est active, ces plantes doivent être copieusement arrosées, très copieusement pendant les périodes de forte chaleur, de bonne heure le matin ou bien en fin de journée. Mais sous nos climats, les pluies estivales peuvent s'accompagner d'un refroidissement temporaire qui risque de bloquer la végétation ; il est alors préférable de réduire les arrosages. Un arrosage abondant une ou deux fois par semaine en juillet-août est plus bénéfique que de petits arrosages distribués chaque jour car il est nécessaire d'abreuver toutes les racines réparties dans l'ensemble de la motte.

▸ L'HUMIDITÉ DE L'AIR

Sauf pour les Cactées épiphytes (voir légende ci-contre), une forte humidité atmosphérique est nuisible en hiver à la plupart de ces plantes, en raison de l'importance primordiale de leur faire subir un repos hivernal. On ne parvient jamais, même en serre, à maintenir une atmosphère aussi sèche que sous les climats arides. En été, par contre, saison de croissance active des plantes, il convient de relever le degré hygrométrique de l'air en procédant à des bassinages et à des arrosages abondants, le soir surtout ou de bonne heure le matin.

▾ Fleurs de *Matucana* sp.

▸ LA NATURE DE L'EAU

Sauf pour certaines Cactées (mexicaines en particulier) qui ont besoin d'éléments alcalins pour croître, les eaux calcaires doivent être dans la mesure du possible évitées, sous peine de voire des dépôts blanchâtres apparaître sur l'épiderme après évaporation. La meilleure solution consiste à utiliser de l'eau de pluie, à température ambiante. L'eau de pluie est même indispensable pour les espèces qui craignent le calcaire (espèces se développant sur granites, laves ou basaltes ou sols schisteux). On peut rendre les plantes tolérantes au calcaire en les greffant sur des porte-greffe adéquats.

▸ LA FERTILISATION

D'une façon générale, les engrais doivent être utilisés aussi rarement que possible pour ces végétaux. Si on ne dispose que de substrats vraiment très pauvres, ou bien s'il n'est pas possible de procéder suffisamment souvent à des rempotages, par exemple parce que les plantes sont trop volumineuses, on peut sur une terre au préalable bien humidifiée et en période de végétation active, arroser avec des solutions liquides, ces engrais spéciaux pour Cactacées et autres plantes succulentes proposés par le commerce. Les engrais doivent comporter une très faible proportion d'azote, davantage de phosphates et une bonne proportion de potasse, par exemple selon le rapport N P K = 1-3-5. Les oligo-éléments nécessaires sont généralement présents dans les compositions commerciales proposées.

CE QU'IL FAUT RETENIR SUR L'ARROSAGE ET LA FERTILISATION

- La plupart des Cactées ne doivent pas être arrosées du tout en hiver.
- L'arrosage sera repris à partir de mars, progressivement d'abord, car sinon elles risquent de gonfler et de se gercer.
- Arrosez généreusement en période de végétation active, sauf en périodes de refroidissement temporaire (la végétation ralentit).
- Sauf pour certaines Cactées qui ont besoin de calcaire, arrosez de préférence avec de l'eau peu calcaire. L'eau de pluie est idéale.
- D'une façon générale, les plantes rempotées régulièrement n'ont pas besoin d'être fertilisées.

LA MULTIPLICATION

▸ LE SEMIS

Ce procédé permet d'obtenir quantité d'espèces les plus diverses au meilleur compte. Il convient de disposer d'une petite serre (on trouve dans le commerce des mini-serres chauffantes que l'on peut utiliser en les plaçant dans une pièce chauffée et lumineuse) ou en tout cas d'un local très clair et protégé du froid. Le semis se fait dans des terrines ou même dans des pots peu profonds, de préférence au printemps de mars à juin, dans un mélange de graviers et de sable de rivière (1/2) additionné de terreau fin (1/4) et de tourbe naturelle pulvérisée (1/4). La température doit être supérieure à 20 °C le jour; elle peut être plus basse pendant la nuit. Les graines une fois « saupoudrées », on pratique un léger

▸ *Astrophytum myriostigma*, le bonnet d'évêque.

damage (tassement) avec une petite planche. Les arrosages ensuite doivent être faits d'abord par imbibition (on plonge la terrine dans une cuvette) puis avec la pomme la plus fine, régulièrement. Une plaque de verre posée sur les rebords de la terrine favorise le maintien de cette humidité mais il faut la déplacer ou la surélever de temps à autre afin que la circulation de l'air soit assurée. On évitera l'ensoleillement direct. Si le milieu est trop humide et mal aéré, la « fonte » (due à un Pythium) peut en quelques heures anéantir le semis. Les plantules après quelques semaines peuvent être transplantées dans des godets, contenant le mélange terreux indiqué plus haut pour les plantes adultes, avec un bon drainage (tessons de poteries) au fond du récipient.

LE BOUTURAGE

Les Cactacées sont, parmi tous les végétaux, ceux qui se prêtent le mieux au bouturage. Chez tous les cactus, un tronçon sectionné au greffoir peut former une bouture ayant toutes les chances de reprendre, à la condition d'avoir au préalable été mis à sécher, dans un abri clair et sain, pendant plusieurs semaines (2-3 semaines environ). Il est conseillé de donner à la coupe une forme tronconique afin de provoquer la formation de racines à partir de la partie médiane (coupe) de la bouture. Saupoudrer de charbon de bois pilé réduit les risques d'infection. L'atmosphère doit toujours renfermer un minimum d'humidité. Maintenue verticale par un tuteur, la bouture d'une Cactée céréiforme devra être suspendue contre son tuteur, la coupe étant placée juste au contact du sol ; les racines se développent et pénètrent dans la terre ensuite. En ce qui concerne les espèces se déployant, non pas verticalement mais en désordre, tel les *Aporocactus*, *Hylocerreus*, *Selenicereus*, etc., c'est encore plus facile : il suffit de placer et

Trichocereus pachanoi 'Cristata'.

de fixer à l'horizontale sur une terrine remplie de mélange riche en humus des fragments de tiges pour les voir émettre rapidement des racines. Pour les *Opuntia* et *Cylindropuntia*, il suffit de détacher des articles ou même de fragmenter ces derniers pour obtenir la formation de racines après une période de cicatrisation à l'air libre et au sec. Quant aux plantes globulaires, certains sujets produisent spontanément des rejets latéraux. Il est facile de les détacher en tranchant leur base à l'aide d'un greffoir et de provoquer la formation de racines en les plantant à faible profondeur après cicatrisation. Pour obtenir un plus grand nombre de sujets, il faut sacrifier quelques plantes en les décapitant à leur partie supérieure à l'aide d'un greffoir. Il se formera ensuite de nombreux rejets à la périphérie de la blessure ; on les prélève alors comme cela a été indiqué précédemment. Le mélange terreux utilisé pour le bouturage est le même que celui convenant aux sujets adultes. Les arrosages devront être d'abord parcimonieux puis abondants à mesure que les racines se développent.

▸ LE GREFFAGE

En culture, beaucoup d'espèces sont fragiles, difficiles à maintenir dans les collections. Le porte-greffe permet souvent d'apporter au greffon les qualités de résistance qui lui manquent. En général, les plantes greffées ont une mise à fleur plus rapide. Le greffage est du reste indispensable pour le

▾ *Pediocactus bradyi* var. *knontolnii.*

◂ *Pygmaecereus familiaris.*

maintien en vie de certaines formes particulières: cristations; cultivars de *Gymnocalycium mihanovichii* (p. 88) ou de *Lobivia silvestrii* (p. 91). Il convient dans ce cas de disposer d'un porte-greffe assez élevé (5 à 10 cm) car c'est lui qui va assurer la fonction chlorophyllienne.
Le greffage doit se pratiquer lorsque la végétation est très active, la sève abondante, c'est-à-dire selon les régions, de la mi-avril jusqu'au 15 août environ.

Les principaux porte-greffe

- ***Opuntia bergeriana, O. ficus-indica, O. robusta***: bonne vigueur. Ces porte-greffe conviennent très bien pour le greffage des *Rebutia, Cleistocactus, Espostoa, Gymnocalycium, Copiapoa, Wilcoxia, Ferocactus*, petits *Opuntia* et *Tephrocactus* de faible vigueur, mais la forme du porte-greffe n'est pas toujours facile à adapter à celle des plantes globulaires.
- ***Myrtillocactus geometrizans, Eriocereus jusbertii.*** Porte-greffe pour de très nombreuses espèces globulaires, pour les cultivars de *Gymnocalycium.*
- ***Trichocereus macrogonus***: très bon porte-greffe pour *Cephalocereus senilis.*
- ***Trichocereus pachanoi***: surtout utilisé pour greffer les *Neoporteria* de gros calibre et les *Copiapoa.*
- ***Trichocereus spachianus***: porte-greffe très couramment utilisé pour *Lobivia, Rebutia, Espostoa, Oreocereus.*
- ***Echinopsis eyriesii***: porte-greffe des plus petites espèces globulaires parmi les *Lobivia* et les *Rebutia.*
- ***Selenicereus grandiflorus*** et ***S. hamatus***: par excellence, porte-greffe des plantes épiphytes, *Epiphyllum* et autres.
- ***Pereskia aculeata*** pour les *Schlumbergera* et leurs cultivars.

◂ *Pelecyphora pseudopectinata* var. *rubriflora.*

LA TECHNIQUE DU GREFFAGE

1. Après avoir choisi un porte-greffe ayant développé de belles racines, il faut à l'aide d'une lame de greffoir propre et bien aiguisée, couper ce cactus transversalement, à quelques centimètres au-dessus de la terre.

2. Puis enlever un peu de tissu périphérique, de façon à former une surface un peu convexe qui par la suite deviendra plane après le greffage. Sinon, cette surface de contact sera concave et n'assurera plus une adhésion suffisante avec la coupe du greffon.

3. Afin que la coupe n'ait pas le temps de sécher pendant que se déroule l'opération, on peut la protéger un moment avec une tranche de la partie de la plante décapitée.

4. Le sujet fournissant le greffon sera à son tour coupé, privé de sa partie basale. La coupe elle aussi sera modifiée au greffoir afin de lui donner une forme légèrement convexe qui deviendra approximativement plane.

5. On réunit ensuite les deux plantes, appliquant le greffon sur le porte-greffe pendant qu'ils sont encore luisants de sève.

6. Afin que le contact soit parfait, il faut faire en sorte qu'une pression suffisante s'exerce sur le greffon. Pour ce faire, on utilise généralement des bracelets de caoutchouc.

FICHES DE CULTURE PAR ESPÈCES

CACTÉES

▲ De gauche à droite : *Lobivia zecheri, Echinocereus pectinatus* var. *reichenbachii, Gymnocactus viereckii.*

Dans cet ouvrage, les Cactées sont présentées selon une classification dite naturelle, c'est-à-dire qu'elle tient compte des parentés entre les divers groupes apparus au cours de l'évolution. Ce choix présente l'avantage d'aider l'observateur à identifier les plantes et à mieux comprendre comment le règne végétal s'est diversifié au cours des temps géologiques.
Jusqu'à 14 000 espèces de Cactées ont été décrites, mais seulement 2 200 environ méritent d'être retenues, de très nombreuses descriptions correspondant seulement à des variétés.
Aujourd'hui, la plupart des botanistes reconnaissent à l'intérieur de cette famille trois sous-familles : les *Pereskioideae*, les *Opuntioideae* et les *Cactoideae* (ou *Cereoideae*), cette dernière sous-famille étant elle-même divisées en cinq sous-groupes.
Les espèces proposées ici correspondent à ce que tout amateur attentif, disposant d'un abri et d'un matériel simple, peut cultiver et faire fleurir sans rencontrer de grandes difficultés. Nous proposerons aussi quelques genres et espèces plus rares, plus délicats, dont les exigences particulières seront précisées ; ceux-là seront réservés aux amateurs plus expérimentés. Dans la mesure où elles bénéficieront de vos soins attentifs, toutes ces plantes auront bien des raisons de vous émerveiller.

▸ 'Apricot Glow'. Magnifique hybride de *Trichocereus* et d'*Echinopsis*. La fleur a un diamètre de 14 cm. (Photo Kakteen-Willi).

Pereskioideae

Pereskia

Syn. : Rhodocactus

Cette sous-famille ne comprend qu'un seul genre et une quinzaine d'espèces, développant toutes des feuilles normales, pourvues de nervures. Leur tronc n'est presque jamais succulent et les aréoles, présentes chez les Cactacées, sont ici absentes.

Étymologie : dédiés à Nicolas-Claude Fabrice de Peiresc (1580-1637), naturaliste français (une erreur d'orthographe a figuré lors de la première description due à Charles Plumier). Environ 15 espèces.

Plantes peu ou pas succulentes, arbustives, arborescentes ou grimpantes, possédant des feuilles. Le tronc et les ramifications sont en grande partie lignifiés. Les aréoles portent des aiguillons plus ou moins développés. Fleurs blanches, roses ou jaunâtres. Ces Cactées sont certainement les plus primitives. On les trouve à l'état spontané au Mexique, aux Antilles, en Amérique Centrale et jusque dans les forêts claires du Brésil. Sensibles au gel, on les cultive en serre froide ou bien en plein air dans les secteurs abrités et réchauffés de la côte méditerranéenne. Par rapport aux autres groupes, il s'agit d'espèces peu ou moyennement adaptées à l'aridité.

▲ *Pereskia humboldtii, espèce péruvienne formant des buissons dans les vallées arides où coule le fleuve Marañon.*

▸ ***PERESKIA ACULEATA,*** GROSEILLIER DES BARBADES

– **Étymologie :** piquant, qui porte des aiguillons.
– **Caractéristiques :** taille de 8 à 10 m en culture dans les meilleures conditions. Feuilles semi-persistantes, entières. Fleurs blanches, odorantes, 3 à 5 cm de diamètre, en fin d'été. Fruits jaunes plus ou moins sphériques, comestibles, devenant mûrs au printemps suivant. La var. *godseffiana* développe des feuilles rouge cuivré à l'état jeune.
– **Répartition naturelle :** des Antilles jusqu'au Sud du Brésil.
– **Culture :** plante de pleine lumière à cultiver en serre froide dans un mélange composé de 1/3 de terre franche et de terreau de feuilles. En pleine terre assez profonde, cette espèce se contente de terres de qualité moyenne. Sauf en hiver, distribuer des arrosages réguliers.
– **Espèce proche :** *P. grandiflora* syn. *Rhodocactus grandiflorus*, du Brésil, également bon porte-greffe pour les épiphytes.

◂ Le groseillier des Barbades est une plante à palisser contre un mur suffisamment élevé. Les fruits sont décoratifs mais de qualité gustative moyenne. Il sert de porte-greffe pour les *Schlumbergera*, *Zygocactus*, etc.

Opontioideae

Les Opontioidées se subdivisent en une demi-douzaine de genres avec quelques centaines d'espèces. Les *Opuntia* en sont le genre le plus familier, avec ses ramifications composées d'articles comprimés, ou cladodes pour les botanistes, c'est-à-dire en forme de raquettes.

Opuntia

Syn. : Nopalea

Étymologie : incertaine ; soit d'Opunte, ville de la Grèce antique, soit d'Opuns en Inde, ville où ces plantes auraient été abondamment cultivées.
Ce genre est l'un des plus représentatifs de la famille, avec plus de 200 espèces. Il a une signification symbolique puisqu'il figure sur les armoiries nationales du Mexique, avec un aigle perché sur l'un d'entre eux, un nopal, immobilisant un serpent. Il existe des espèces très petites, d'autres rampantes ou le plus souvent dressées ; certaines s'élèvent à plusieurs mètres de hauteur.
Les articles sont plats, succulents ; le tronc est à la fois succulent et lignifié chez les espèces arborescentes. Les fleurs peuvent être de couleur jaune, orange ou rouge. Ils occupent des espaces situés jusqu'à des latitudes extrêmes, de 56° de latitude nord à 50° de latitude sud. À la suite de leur introduction dans des cultures, plusieurs espèces ont colonisé de vastes espaces, au point, dans l'Ancien Monde, de provoquer parfois de graves désordres écologiques.

▸ ***OPUNTIA CHLOROTICA,***
SYN. *O. TIDBALDI*

– **Étymologie :** sa couleur évoque celle d'une plante chlorosée.
– **Caractéristiques :** taille de 2 m à 2,5 m. Articles orbiculaires, vert glauque. Fleurs jaunes, en fin de printemps.
– **Répartition naturelle :** zones arides de la Californie, de l'Arizona et du Nouveau-Mexique.
– **Culture :** Cette espèce peut être maintenue en serre froide très lumineuse, très sèche pendant la période hivernale.

◂ *Opuntia sp.*

▸ *Opuntia chlorotica.*

▲ À gauche, *Opuntia microdasys* ; à droite la variété 'Albispina'.

▶ *O. MICRODASYS*

– **Étymologie :** à villosités courtes, robustes.
– **Caractéristiques :** taille de 50 à 60 cm. Articles densément parsemés de glochides jaune clair chez le type. Aiguillons absent. Fleurs jaune plus ou moins intense, en été.
– **Répartition naturelle :** Centre et Nord du Mexique.
– **Culture :** dans un mélange normal pour Cactées et autres succulentes. À manipuler avec des gants ; certaines personnes sensibles supportent mal le contact de ces plantes à cause des glochides, dont les fines soies pénètrent sous la peau. À maintenir en serre froide et en atmosphère sèche ; supporte à la fois le plein soleil et la mi-ombre.
– **Utilisations :** plante d'ornement très appréciée par les collectionneurs en raison de la diversité des variétés notamment, dont les glochides sont de différentes couleurs : var. *albispina*, var. *rufida*, var. *pallida*, à glochides respectivement blancs, brun-rouge et jaunes. Les formes naines se maintiennent mieux en culture lorsqu'elles sont greffées sur des espèces plus vigoureuses.

◄ *Opuntia macracantha*, « à grandes épines », originaire de Cuba.

▸ OPUNTIA PILIFERA

– **Étymologie :** qui porte des poils.
– **Caractéristiques :** 2,5 à 3,5 m de hauteur. Les glochides sont pourvus de poils fins et d'aiguillons blanchâtres de 1 à 1,5 cm de long. Belles fleurs rouge foncé, depuis la fin du printemps jusqu'en fin d'été.
– **Répartition naturelle :** Mexique, région d'Oaxaca.
– **Culture :** à maintenir en serre froide, à quelques degrés minimum au-dessus de zéro, à exposition très ensoleillée. Utiliser le mélange habituel pour Cactacées.

▾▸ *Opuntia pilifera* dans son milieu naturel, au Mexique.

▲ Une des variétés de *Cylindropuntia imbricata*.

▼ *Cylindropuntia echinocarpa*.

Cylindropuntia

Étymologie : nom réservé seulement à quelques espèces parfois incluses parmi les *Opuntia*. Leur nom précise que l'axe central (tige ou tronc), les ramifications et les articles présentent une section non pas aplatie, mais cylindrique ou subcylindrique. Il ne faut pas les confondre avec les *Cereus* : ici, leurs ramifications ne forment pas des côtes mais simplement des tubercules plus ou moins allongés, avec des aréoles situées dans les dépressions.

▶ ***CYLINDROPUNTIA IMBRICATA,***
SYN. *OPUNTIA IMBRICATA, CACTUS IMBRICATUS, CEREUS IMBRICATUS*

– **Étymologie :** dont la disposition des tubercules rappelle celle des tuiles imbriquées sur un toit.
– **Caractéristiques :** taille jusqu'à 5 m dans la nature, 2 à 3 m en culture de pleine terre. Le tronc

atteint 12 cm de diamètre et les articles 10 à 30 cm de long. Grandes aréoles avec des glochides inclus. 10 à 30 aiguillons par aréoles. Fruits ovoïdes, roses.
– **Répartition naturelle :** depuis les plaines élevées arides de la région de Mexico jusqu'en Arizona et au Texas.
– **Culture :** en plein air et pleine terre dans les secteurs bien réchauffés du pourtour méditerranéen. Au-dessous de -10 °C, une partie des ramifications gèle mais se reconstitue ensuite le plus souvent.
– **Utilisations :** on en fait des clôtures défensives redoutables. Les articles tombés sur le sol prennent racine et peuvent s'étendre spontanément. Éloigner les enfants de ces plantes à manipuler avec précaution.

Tephrocactus

Étymologie : de *tephra*, cendre ; fait allusion à la couleur parfois cendrée de ces plantes.
Ce sont des végétaux généralement de petite taille, formant des « coussins » constitués de tiges succulentes courtes armées d'aiguillons. Environ 35 espèces occupent des territoires subtropicaux d'Amérique du Sud, jusqu'au détroit de Magellan, et en altitude élevée dans les Andes. Il existe des espèces pourvues d'un abondant chevelu.

▸ *TEPHROCACTUS DIADEMATUS*, SYN. *OPUNTIA DIADEMATA*

– **Étymologie :** qui porte un bandeau ou un diadème ; allusion à l'aspect des aiguillons très décoratifs.
– **Caractéristiques :** taille : quelques décimètres. Articles presque globuleux. Aiguillons aplatis, allongés, ayant un aspect parcheminé. Fleurs crème ou rose clair, en fin de printemps.
– **Répartition naturelle :** Ouest de l'Argentine.
– **Culture :** plante assez peu vigoureuse à cultiver en serre froide, ayant besoin d'un repos hivernal bien marqué. Si l'espèce est facile à reproduire végétativement par bouturage des articles, elle est par contre de culture délicate et doit être installée dans un milieu très sain.

▾ *Tephrocactus diadematus.*

Cactoideae

Groupe I : grandes Cactées colonnaires

La sous-famille des Cactoidées (ou Céréoidées) réunit le plus grand nombre de genres et d'espèces. On le divise en 5 sous-groupes dont le premier rassemble les grandes Cactées colonnaires d'Amérique du Nord et du Sud. Certains genres tel *Echinocereus*, donnent encore lieu à discussion quant à leur place dans ce groupe.

Azureocereus

Étymologie : espèce ainsi nommée en raison de la couleur bleue de son épiderme.

▸ ***AZUREOCEREUS HERTLINGIANUS,***
SYN. *BROWNINGIA HERTLINGIANA*

– **Étymologie :** espèce dédiée par Backeberg à Georg von Hertling, chancelier d'Allemagne.
– **Caractéristiques :** c'est un superbe *Cactus* sud-américain, une des très rares espèces à présenter un épiderme bleu, surtout sur les sujets âgés de quelques années. Ses tiges hautement succulentes peuvent atteindre 8 m de hauteur et jusqu'à 30 cm de diamètre dans son biotope. Les côtes sont arrondies, proéminentes, pourvues d'aréoles feutrées à partir desquelles émergent 4 à 7 aiguillons longs de 6 à 8 cm. La floraison se produit la nuit vers la fin du printemps ou en début d'été. Ces fleurs sont tubulées, les pétales externes pourpre foncé et ceux internes blancs.
– **Origine naturelle :** au Pérou, dans la vallée de la Mantaro située au centre du pays.
– **Culture :** il faut, pour que la plante soit bien colorée, la placer à exposition très ensoleillée, bien réchauffée et une température d'au moins 10 °C. en hiver. La culture en pleine terre permet d'avoir de beaux sujets ; il lui faut un mélange classique pour Cactées mais enrichi par un apport de calcaire.

◂ *Cephalocereus columa-trajani* en compagnie de *Nolina gracilis*.

▴ *Azureocereus hertlingianus.*

Cephalocereus

Étymologie : du grec *kephalê*, tête, allusion à la présence d'un organe laineux ou tomenteux dit céphalium, apical ou bien latéral. qui se développe au sommet des plantes en âge de fleurir.
Ce genre mexicain comprend une vingtaine d'espèces, formant une colonne simple ou bien arborescente. Le céphalium est Floraison nocturne. Quelques espèces produisent des fruits comestibles, tel *C. tetetzo* dont les qualités gustatives sont appréciées dans son pays.

▸ *CEPHALOCEREUS COLUMNA-TRAJANI,*
SYN. *C. HOPPENSTEDTII*

– **Étymologie :** allusion à la colonne de Trajan érigée à Rome.
– **Caractéristiques :** Atteint 10 m de haut dans la nature. L'inclinaison de la tige vers le nord est interprétée comme un phototropisme négatif. Fleurs blanches, en été, sur les sujets ayant acquis un assez grand développement.
– **Origine naturelle :** Mexique, état de Puebla.
– **Culture :** se plaît dans un mélange terreux standard mais des apports de calcaire sont favorables à sa croissance. À maintenir à exposition très ensoleillée, abritée mais la température peut descendre à 5-6 °C en hiver, car il s'agit d'une espèce d'altitude. Arroser modérément, même en été. Croissance assez lente.

▾ *C. senilis.*

▸ *CEPHALOCEREUS SENILIS,*
SYN. *CACTUS SENILIS*

– **Étymologie :** nom commun évoquant une « tête de vieillard ».
– **Caractéristiques :** dans son biotope, on a vu des sujets de 15 m de hauteur. Tiges simples vertes ou glauques, très rarement ramifiées à 12 à 15 côtes, parfois plus, peu marquées, à nombreuses aréoles portant 20 à 30 aiguillons de 2 à 3 cm de long. Pseudocephalium blanchâtre, laineux, dans lequel naissent des fleurs blanchâtres de 6 à 8 cm de long s'ouvrant dans la nuit au cours de l'été.
– **Origine naturelle :** Hidalgo et Guanajuato au Mexique, notamment ers 1 500 m d'altitude dans la barranca de Metztitlan.
– **Culture :** mélange ordinaire pour Cactées, enrichi par un peu de calcaire. Exposer en plein soleil mais à la condition qu'il n'y ait pas d'excès d'humidité ; quelques degrés au-dessus de zéro suffisent en hiver.

▾ *C. sartorianus.*

▸ *AUTRES ESPÈCES*

– *C. sartorianus* syn. *C. palmeri* var. *sartorianus* s'élève à 5-6 m. Son céphalium apical forme une belle chevelure blanche ; espèce à préserver des coups de soleil en été.

▸ *Cephalocereus senilis.*

Cereus

Étymologie: du latin *cereus*, cierge, bougie. Ce genre qui correspondait à une subdivision du genre *Cactus*, a été créé par Linné et Philip Miller en 1768. Démembré par la suite, il a été maintenu pour un certain nombre d'espèces.

▲ Fruits du *Cereus jamacuru.*

▸ *CEREUS JAMACARU,* SYN. *CEREUS GLAUCUS*

– **Étymologie:** *jamacaru* est le nom commun de cette espèce dans son pays d'origine.
– **Caractéristiques:** atteint 10 m de haut dans la nature. Tronc ligneux, très ramifié, épiderme bleuâtre quand il est jeune avec seulement 4 à 6 côtes plus ou moins ondulées. Aréoles de 2 à 3 cm, avec des aiguillons nombreux sur les jeunes pousses, plus rares ensuite, atteignant 20 à 30 cm. Fleurs s'ouvrant la nuit, blanches, grandes. Fruits gros, rouge vif, comestibles.
– **Origine naturelle:** Brésil, mais il s'est très largement répandu, étant depuis longtemps cultivé en Amérique du Sud.
– **Culture:** en pots, en bacs ou en pleine terre, dans un mélange ordinaire pour Cactées.

▸ *CEREUS PERUVIANUS,*
SYN. *CEREUS CALVESCENS, CACTUS PERUVIANUS*

– **Étymologie:** introduit en Europe en 1690.
– **Caractéristiques:** peut atteindre 16 m de hauteur dans son pays, selon Britton et Rose, beaucoup moins en culture. Épiderme vert ou glauque; 6 à 9 côtes, parfois moins, séparées par une rainure assez profonde. Aréoles brunes portant 4 à 8 aiguillons. Fleurs de 16 cm de long s'ouvrant surtout à partir de la fin du jour, identifiables par leurs pétales blancs tandis que ceux externes sont bruns.
– **Origine naturelle:** très incertaine. Déjà dans sa description, Linné la situait en Jamaïque ou dans les secteurs arides de la côte du Pérou; il semble bien que cette espèce serait originaire de l'Amérique du Sud.
– **Culture:** la même que pour *Cereus jamacaru.*
– **Autres espèces:** *Cereus peruvianus* f. *monstruosus cristata* dit « cactus rocher » ou « rocher », est une forme anormale à croissance désordonnée, naguère fréquemment cultivée en raison de son aspect très singulier. Très difficilement identifiable quant à son origine, il se peut aussi qu'il soit issu de *C. jamacaru* ou de *C. uruguayanus.*

◂▾ *Cereus peruvianus* f. *monstruosus cristata* *appelé* "cactus rocher".

Echinocereus

Étymologie : de *echinos*, hérisson en grec et *cereus*, cierge en latin.

Ce genre comprend près de 50 espèces et pour certains spécialistes, autant de variétés. On les rencontre dans le Sud des USA et surtout au Mexique. Les espèces céréiformes sont basses, assez fréquemment ramifiées au niveau du sol. Les aiguillons assez fins sont très abondants, parfois joliment colorés ; les côtes peuvent être mamelonnées. Floraison diurne souvent spectaculaire par la dimension des fleurs et leur couleur. La plante sectionnée laisse s'écouler une sève gluante et certaines tribus indiennes du Nord du Mexique utilisent des fragments d'articles comme masticatoires. Les fruits juteux sont comestibles chez plusieurs espèces.

▲ *Echinocereus fitchii.*

▸ *ECHINOCEREUS PECTINATUS*

– **Étymologie :** les aiguillons sont pectinés, c'est-à-dire disposés comme les dents d'un peigne.

– **Caractéristiques :** ses aiguillons pectinés, blancs ou roses, rendent la plante très décorative même en dehors de la période de floraison. Magnifiques fleurs roses, en été en plein soleil.

– **Origine naturelle :** du Nord du Mexique jusqu'au Texas.

– **Culture :** espèce de serre froide, ne supportant pas le gel. Redoute également l'humidité hivernale. Arrosages réguliers pendant tout l'été, afin de protéger les racines superficielles de la dessiccation. Croissance lente.

▸ *Echinocereus pectinatus* dans son milieu naturel dans le Nord du Mexique. Selon les formes, les aiguillons radiaux varient du blanchâtre au violacé.

▲ À gauche, *Echinocereus delaetii*; à droite, *Echinocereus stramineus*.

▸ *ECHINOCEREUS DELAETII*, SYN. *CEPHALOCEREUS DELAETII*

– **Étymologie :** espèce dédiée à Franz de Laet, introducteur et producteur de Cactacées.
– **Caractéristiques :** 20 à 30 cm de long 4 à 7 de diamètre. Tiges dressées ou inclinées, à longs poils blancs et aiguillons jaune pâle. Fleurs rose clair à violacé, en début d'été.
– **Origine naturelle :** Mexique (région de Cohuila).
– **Culture :** il faut à cette magnifique espèce un substrat très poreux, à la fois sableux et calcaire. Développement rapide même en serre froide, mais dépérissement fréquent en milieu insuffisamment réchauffé et ensoleillé.

▸ *ECHINOCEREUS STRAMINEUS*

– **Étymologie :** évoque la paille par sa couleur
– **Caractéristiques :** tiges de 25 cm environ, densément armées d'aiguillons de 3 à 6 cm de long. Fleurs pourpres, en été, ne s'ouvrant qu'au grand soleil.
– **Origine naturelle :** Mexique, Nouveau-Mexique, Texas.
– **Culture :** mêmes exigences que l'espèce précédente.

▸ *AUTRES ESPÈCES*

– ***E. engelmannii*** dit « cactus fraise » atteint 30 à 40 cm, produit des fleurs rouges puis des fruits juteux et sucrés. Cette espèce supporte les basses températures.

▼ *Echinocereus pectinatus* var. *reichenbachii*.

▲ ▸ *Escontria chiotilla*, dans son milieu naturel aux Mexique.

Escontria

Étymologie : nom honorant Don Blas Escontria, homme politique mexicain mort en 1906, qui œuvra dans son pays en faveur l'essor des sciences.

ESCONTRIA CHIOTILLA

– **Étymologie :** dérive de *quiotilla* et *jiotilla*, noms communs de cette espèce au Mexique.
– **Caractéristiques :** s'élevant 5 à 6 m de haut dans la nature, on peut cependant obtenir des plants florifères en culture.
Tronc court pouvant atteindre 40 cm de diamètre. Nombreuses ramifications rigides, dressées et inclinées, vert sombre, dichotomiques. Sept à 8 côtes proéminentes. Aréoles laineuses 1 cm de diamètre, 15-20 aiguillons de 1 à 7 cm de long. Fleurs en forme d'entonnoir se développant à l'extrémité des rameaux, 3 à 5 cm de long, diurnes, de couleur blanc ou jaune clair ; pétales externes lavés de brun. Fruits globuleux 3 à 4 cm de diamètre, couleur café ; pulpe rouge comestible. Les fruits ou *jiotilla* sont vendus sur les marchés en Amérique Latine ou commercialisés sous la forme de conserves.
– **Origine naturelle :** régions de Puebla, Oaxaca, Guerrero et Michoacan au Mexique.
– **Culture :** en mélange standard pour Cactacées. Les plantes seront d'autant plus résistantes qu'elles auront été sorties pendant les mois d'été.

▲ *Espostoa laticornua.*

Espostoa

Syn. : *Pseudoespostoa, Trixanthocereus*

Étymologie : de *esposto*, nom actuel de la plante au Pérou.
Il en a été décrit 10 à 12 espèces et autant de variétés. Plantes à tiges colonnaires, ramifiées ou non, elles développent un céphalium latéral après de nombreuses années de culture.

▸ *ESPOSTOA RITTERI*

– **Étymologie :** dédiée à Friedrich Ritter, botaniste qui découvrit de nombreuses espèces en Amérique du Sud au XXe siècle.
– **Caractéristiques :** tiges ramifiées de 3 à 4 m de haut, densément garnies d'aréoles blanches, feutrées, plus ou moins poilues, avec des aiguillons courts et des aiguillons longs. Céphalium allongé où naissent des fleurs blanches.
– **Origine naturelle :** Pérou, dans la Cordillère orientale.
– **Culture :** Espèce à maintenir au-dessus de + 5 °C. Utiliser un mélange terreux ordinaire pour Cactacées.

▸ *AUTRES ESPÈCES*

– ***Espostoa melanostele*** var. ***nana***, moins grand, est entièrement recouvert de poils laineux blancs, surtout abondants au sommet des tiges.
– ***Espostoa lanata*** atteint 2 m en culture et le double dans la nature. Ses tiges ramifiées sont recouvertes de poils blancs.

◂ Les formes cristées rencontrées chez plusieurs espèces d'*Espostoa* sont recherchées par les collectionneurs et maintenues par greffage.

Lemairocereus

Étymologie : genre dédié à Charles Lemaire (1800-1871), littérateur et botaniste français, auteur d'une monographie des Cactées.

▲ *Lemairocereus hollianus.*

LEMAIROCEREUS HOLLIANUS,
SYN. *PACHYCEREUS HOLLIANUS*

– **Caractéristiques :** port très érigé, columnaire, 4 à 5 m de haut, de couleur gris à vert sombre ; ramifications peu nombreuses, se développant à angle aigu ; 8 à 14 côtes, aréoles laineuses blanchâtres distantes de 1,5 à 3 cm, circulaires, nombreux aiguillons, les uns courts, les plus centraux pouvant mesurer jusqu'à 10 cm de long. Fleurs blanches diurnes, en été, tubulaires-campanulées 7 à 10 cm de long et 3 à 3,5 de diamètre, se produisant au sommet des ramifications. Fruits ovoïdes 6 à 8 cm, couvert de nombreuses aréoles, comestibles et de saveur douce.
– **Origine naturelle :** au Mexique ; état de Puebla, Zapotitlan, Salinas de Tehuacan.

Myrtillocactus
Syn. : Escontria, Heliabravoa

Étymologie : nom résultant de la ressemblance des fruits avec ceux de *Vaccinium myrtillus*, les myrtilles.
Le genre comprend un nombre d'espèces difficile à définir car 4 sont très proches l'une de l'autre et parfois confondues. Ce sont toutes des espèces ayant dans la nature la forme d'un arbre mais entièrement succulent. Côtes peu nombreuses de même que les fleurs qui sont petites, portées par les aréoles supérieures. Fruits sphériques, bleuâtres.

▼ Les formes cristées de *Myrtillocactus geometrisans* sont très appréciées comme sujets d'ornement.

▲ *Myrtillocactus geometrisans.*

▸ *MYRTILLOCACTUS GEOMETRIZANS*

– **Étymologie :** le nom d'espèce souligne la forme relativement géométrique des articles.
– **Caractéristiques :** port nettement arborescent dans la nature, étalé, à tronc bien défini, de 4 m de haut environ. Articles épais à 5 ou 6 côtes régulières, bleuâtres à glauque, recouverts de pruine à l'état jeune ce qui rend très attrayants les sujets aux dimensions plus modestes cultivés en serre. Aiguillons de longueur variable, avec un plus long, noir. Fleurs blanchâtres, à odeur très agréable.
– **Origine naturelle :** centre du Mexique.
– **Culture :** les plantes cultivées, surtout celles obtenues par bouturage des articles, ne développent généralement pas de tronc et se ramifient à leur base. Peu exigeante sur la nature du sol, cette espèce prospère bien en serre froide et supporte le plein air dans les secteurs les mieux réchauffés de la côte méditerranéenne. Il en existe de très beaux sujets au Jardin Exotique de Monaco. Obtention également facile par semis.
– **Utilisations :** les fleurs sont comestibles, crues ou cuites. Les fruits servent à faire des marmelades, des boissons ; ils peuvent remplacer les raisins secs. Les Indiens les appellent tetepoanochtli : ce sont les « cactus de la montagne » dont ils sont très friands. Plantes très décoratives à l'état jeune, appréciées par les horticulteurs.

Neobuxbaumia

Étymologie : genre dédié à Franz Buxbaum, botaniste autrichien. Plantes colonnaires, simples ou ramifiées, à côtes nombreuses mais peu proéminentes. Aréoles souvent laineuses. Aiguillons robustes mais flexibles, plus souples ou même soyeux dans les parties florifères. Fleurs nocturnes ou bien nocturnes et matinales, cylindriques ou campanulées, naissant sur les parties latérales ou à l'apex. Fruit très variable d'aspect selon les espèces.

▸ *Neobuxbaumia polylopha* (Jardin Exotique de Monaco).

▲ *Neobuxbaumia polylopha.*

▸ *NEOBUXBAUMIA POLYLOPHA,*
SYN. *CEPHALOCEREUS POLYLOPHUS*

– **Étymologie :** à nombre de côtes très développé.
– **Caractéristiques :** dans la nature, certains sujets atteignent 12 à 15 m de haut et 50 cm de diamètre. De très beaux exemplaires atteignent 6 m de haut au Jardin Exotique de Monaco. Certains développent parfois plus de 40 côtes. Fleurs en forme de cylindre écailleux de couleur carnée, au printemps.
– **Origine naturelle :** Mexique.
– **Culture :** décorative à l'état jeune, cette espèce se plaît en serre froide. Multiplication facile par semis et croissance assez rapide. Maintenir ensuite à exposition très ensoleillée.

▸ *AUTRES ESPÈCES*

– *N.* ***mezcalaensis***, plante d'altitude originaire des états plus méridionaux du Mexique, développe une mince colonne rigide dépassant parfois 10 m de haut.
– *N.* ***euphorbioides***, à nombre de côtes plus réduit, produit des fleurs roses, campanulées.
– *N.* ***tetetzo*** est apprécié au Mexique pour ses fruits savoureux appelés figues tetetzo.

▼ *Neobuxbaumia polylopha* 'Cristata'.

Oreocereus

Syn. : Arequipa, Matucana, Morawetsia

Étymologie : de *oros* en grec, montagne ; cierge des montagnes.
Plantes colonnaires souvent constituées par la réunion de plusieurs tiges, de 0,5 à 2,5 m de haut selon les espèces. Aiguillons vigoureux, pourvues d'une belle toison de poils blancs. En été, fleurs tubulaires diurnes, de couleur orange à rouge. Six espèces sud-américaines croissant en altitude.

▲ *Oreocereus celsianus.*

▶ ***OREOCEREUS CELSIANUS,*** SYN. *PILOCEREUS CELSIANUS, OREOCEREUS NEOCELSIANUS*

– **Étymologie :** espèce parmi les plus hautes.
– **Caractéristiques :** tiges dressées, de 2 m de haut environ, ramifiées à leur base. Aréoles très laineuses surtout chez les jeunes sujets, développant à la fois des poils blancs longs, et des aiguillons jaunes de longueur variable. Fleurs rose foncé à rouge, en été. Bien différente du type, la variété *hendriksenianus* est très appréciée par les amateurs, pour sa belle toison soyeuse blanche qui recouvre toute la tige. Ses fleurs sont rouge carmin.
– **Origine naturelle :** partie orientale des Andes du Pérou, Bolivie et Nord du Chili.
– **Culture :** ces plantes d'origine montagnarde sont cultivées en serre froide mais elles peuvent supporter des gelées de courte durée. Il faut plusieurs années pour obtenir une floraison. Cultiver dans un mélange ordinaire pour Cactées et exposer les plantes au plein soleil.

▶ *Oreocereus trollii.*

Pachycereus

Étymologie : du grec *pachus*, gros, épais ; plantes à tronc volumineux, souvent épaissi.
Végétaux colonnaires atteignant un grand développement. Ils sont généralement constitués d'un tronc ramifié, en forme de candélabre. Côtes nombreuses garnies d'aréoles feutrées et d'aiguillons. Fleurs diurnes ou bien nocturnes. Fruits généralement laineux. Ce sont des végétaux parmi les plus imposants que compte la famille.

▸ *PACHYCEREUS MARGINATUS,*
SYN. : *MARGINATOCEREUS MARGINATUS*

– **Étymologie :** marginé, qui a un rebord (aspect des côtes).
– **Caractéristiques :** constitue des colonnes atteignant 6 m, ressemblant à des tuyaux d'orgue, d'où le nom d'organo donné à ces plantes par les Mexicains. Côtes peu nombreuses portant des aréoles gris clair, velues, reliées entre elles d'où l'aspect marginé. Aiguillons courts. Floraison diurne, vert clair.
– **Origine naturelle :** hauts plateaux mexicains.
– **Culture :** bien que cette espèce supporte 0 °C, il est conseillé de lui accorder les conditions d'une serre tempérée afin d'accélérer la croissance. Les plantes sont décoratives même sous la forme de jeunes sujets.
– **Utilisations :** espèce très appréciée au Mexique pour confectionner des haies régulières efficaces. La pulpe des fruits et les graines sont comestibles. La pulpe des tiges est utilisée pour donner à la chevelure une belle teinte noire lustrée.

▸ *AUTRES ESPÈCES*

– ***P. pringlei***, un géant atteignant 12-15 m est lui aussi apprécié pour ses fruits.
– ***P. weberi***, syn. *Lemaireocereus weberi*, est l'un des plus spectaculaires dans la nature, au Mexique (voir photo p. 12). Il développe d'énormes candélabres de 10 m de haut, à grandes fleurs blanches diurnes.

◂ *Pachycereus pringlei.* Cette espèce géante habite les régions désertiques de la Basse Californie et du Sonora.

▸ *Pachycereus marginatus,* utilisé en haie au Mexique.

Pilosocereus

Étymologie : nom évoquant la présence d'une zone poilue et florifère au sommet des tiges
Ce nom remplace *Pilocereus* et *Pseudopilocereus* devenus non valides. Le genre est constitué de 40 espèces originaires des Antilles et de l'Amérique du Sud. Tiges grêles plus ou moins ramifiées. Certaines espèces atteignent plusieurs mètres de haut et développent à partir d'un certain âge des poils laineux constituant un pseudo-céphalium à l'extrémité des tiges. Floraison nocturne. Croissance assez rapide.

▸ *PILOSOCEREUS NOBILIS*, SYN. *CEPHALOCEREUS NOBILIS*

– **Étymologie :** en rapport avec le bel aspect de la plante

▴ *Pilosocereus nobilis* dans son milieu naturel aux Antilles.

– **Caractéristiques :** 3 à 7 m de haut, aréoles laineuses à épines blanchâtres de 3 à 5 cm de long. Fleurs blanc jaunâtre en tubes, en été dans les collections. Il existe des formes à fleurs pourpres.
– **Origine naturelle :** Antilles, dans les zones littorales surtout. En Guadeloupe : les Saintes, la Désirade.
– **Culture :** plantes vigoureuses faciles à cultiver mais exigeant les conditions de la serre tempérée ou mieux, de la serre chaude. Multiplication facile par semis ou bouturage. Arroser abondamment en été.

▾ À gauche, *Pilosocereus glaucescens* ; à droite, *Pilosocereus leucocephalus*.

▸ *PILOSOCEREUS GLAUCESCENS,*
SYN. *PILOCEREUS GLAUCESCENS*

– **Étymologie :** allusion à la couleur de l'épiderme.
– **Caractéristiques :** tige de 3 à 4 m, remarquable par sa teinte bleutée et la laine blanche recouvrant la partie supérieure.
– **Origine naturelle :** Minas Gerais au Brésil.
– **Culture :** facile à condition toutefois de maintenir les sujets en serre chaude ou dans un local équivalent très ensoleillé.

▸ *AUTRES ESPÈCES*

– *Pilosocereus palmeri* originaire du Mexique atteint 5-6 m, à tiges bleuâtres, est assez fréquent dans les collections.
– *P. leucocephalus,* syn. *P. sartorianus* et *Cephalocereus leucocephalus*, du désert de Sonora au Mexique, développe une touffe de longs poils blancs.
À cultiver en serre ou local tempéré.

▾ *Polaskia chichipe.*

Polaskia

Parfois inclus parmi les *Lemairocereus*. Genre dédié à C. Polask, amateur de Cactées à San Antonio au Texas. Il ne comprend qu'une seule espèce.

▸ *POLASKIA CHICHIPE*

– **Étymologie :** de *chichipe, chichituna*, noms vernaculaires de l'espèce au Mexique.
– **Caractéristiques :** atteint 5 m de haut, avec un tronc bien caractérisé. Floraison diurne, en été. Fleurs jaune clair ou blanc-jaunâtre, donnant des fruits globuleux rouges, comestibles et souvent présents sur les marchés au Mexique. On en fait surtout des marmelades.
– **Répartition naturelle :** états de Puebla et d'Oaxaca, en altitude.
– **Culture :** en serre froide ou tempérée, très bien éclairée. À maintenir au-dessus de 7 °C en hiver.

▲ *Stenocereus stellatus*, dans la nature, vit assez fréquemment en compagnie de *Myrtillocactus geometrizans*.

Stenocereus

Étymologie : cierge à tiges étroites.

▸ ***STENOCEREUS STELLATUS,*** SYN. *CEREUS STELLATUS*

– **Étymologie :** le nom spécifique évoque la forme des aréoles.
– **Caractéristiques :** cierge atteignant 6-8 m de haut dans la nature, ramifié à la base ; 8 à 15 côtes arrondies ; aréoles arrondies de 5-7 mm de diamètre, développant 3 aiguillons de 3 à 6 cm de long. Fleurs nocturnes rose clair à rougeâtre, mesurant 4 à 6 cm de long en forme de tube large. Fruits sphériques, rouge

vif dont les aréoles portent des petits aiguillons généralement caduques. Ces fruits sont comestibles et connus sous le nom de *xoconochtle*; ils sont très appréciés par les autochtones.

– **Origine naturelle:** au Mexique, dans les régions de Puebla et d'Oaxaca, entre 1 000 et 1 800 m d'altitude. Cette espèce fruitière est assez largement cultivée.

– **Culture:** espèce facile à multiplier par semis et par bouturage. Elle présente l'avantage de fleurir quand elle est encore jeune. Utiliser le mélange de terre habituel pour Cactées.

▼ *Wilcoxia viperina.*

Wilcoxia

Étymologie: genre dédié au général Timothy Wilcox, amateur éclairé de plantes des déserts américains.

▸ *WILCOXIA VIPERINA*

– **Étymologie:** présente l'aspect d'une vipère.

– **Caractéristiques:** ce genre difficile à classer a été inclus, selon les auteurs, parmi les genres *Cereus, Echinocereus* et *Peniocereus* mais il est atypique. *W. viperina* est une plante développant des tiges très minces, pouvant atteindre 3 m de longueur, rampant sur le sol dans la nature et parmi les broussailles, élevant ses fins rameaux parmi les buissons. Ces organes développent 8 à 10 côtes étroites garnies de petites aréoles à fins aiguillons souvent caduques. Les fleurs rouge vif, brillantes, au début de l'été atteignent 8 cm de long et 4 à 5 cm de large. Les racines sont caractéristiques du genre; ce sont de gros organes de réserve ayant l'aspect d'un tubercule.

– **Origine naturelle:** au Mexique, dans le désert de Chihuahua dans l'état de Puebla.

– **Culture:** mélange pour Cactées mais très poreux, contenant une bonne proportion de graviers. Exposition très lumineuse et arrosages parcimonieux sauf en période de floraison. On peut avantageusement réduire le nombre de tiges se développant à la base de la plante afin de favoriser la floraison. Maintenir une température de 5 °C à 8 °C en hiver.

– **Autres espèces:** *W. poselgeri* à fleurs d'un rouge variable; *W. minutiflora* à fleurs blanches divisées en segments étroits.

Cactoideae
Groupe II : Cactées épiphytes

Ces Cactées présentent parfois des formes atypiques au sein de la famille. Certains genres proposés, notamment les *Epiphyllum*, les *Hylocereus* et les *Selenicereus*, insuffisamment connus, mériteraient d'être beaucoup plus souvent cultivés.

Plantes pour la plupart épiphytes, c'est-à-dire vivant sur les branches des arbres et non pas enracinées dans le sol. Retombantes, prostrées ou bien grimpantes, ce sont généralement des hôtes des forêts claires ou de formations plus denses.

Aporocactus

Étymologie : de *aporos*, confus, entremêlé, allusion à la disposition désordonnée des tiges. Ce sont les cactus serpents, le *coanochtli* des Indiens d'Amérique. Ce genre mexicain est couramment cultivé, apprécié pour ses longues tiges, en grande partie retombantes. Aiguillons nombreux, ténus. Floraison brillante se produisant le jour.

▸ *APOROCACTUS MARTIANUS,* SYN. *A. CONZATII*

– **Étymologie :** dédié à Carl Martius qui fut directeur du jardin botanique de Munich au XIXe siècle.
– **Caractéristiques :** tiges atteignant 2 m de long et parfois plus et 1 à 2,5 cm de diamètre. Fleurs rouge vif brillant, en été.
– **Origine naturelle :** au Mexique vers 3 000 m d'altitude.
– **Culture :** espèce un peu frileuse à cultiver en serre tempérée ou chaude, à mi-ombre dans un mélange pour Cactées épiphytes. Arroser régulièrement en été et observer un repos hivernal.

▸ *AUTRES ESPÈCES*

– ***Aporocactus flagelliformis***, syn. *A. flagriformis*, ressemble au précédent mais avec des fleurs rose ou rouge variable.
– Il existe des cultivars et des hybrides issus de croisements avec *Epiphyllum*.

◂ Sur un chêne vers 2 600 m d'altitude, au Nord d'Oaxaca, *Aporocactus martianus* en compagnie de *Tillandsia*. Sur le même arbre, croissent également des orchidées épiphytes.

▾ *Aporocactus flagelliformis.*

▲ *Epiphyllum* 'Hermosus'.

Epiphyllum

Syn. : Phyllocactus

Étymologie : du grec *epi*, au-dessus et *phyllon*, feuille, en raison des cladodes, organes foliacés remplaçant les vraies feuilles.
Tige principale arrondie, se prolongeant par des cladodes ou rameaux aplatis, à bordure plus ou moins crénelée. Absence d'aiguillons. Fleurs nocturnes ou bien diurnes souvent odorantes chez les espèces naturelles. Les espèces s'entre-hybrident parfois dans la nature, mais c'est surtout l'horticulture qui a donné un nombre impressionnant de splendides variétés ou cultivars, plus de 7 000 à présent, parfois commercialisés sous le nom de cactus-orchidées. Aux USA, où ces obtentions sont parfois regroupées sous l'appellation d'*Epicactus*, ils connaissent un très grand succès étant donné la diversité des coloris obtenus. Ces croisements entraînent parfois une grande confusion au niveau de la nomenclature et de l'origine génétique de ces obtentions.

► ***EPIPHYLLUM ACKERMANNI,*** SYN. *NOPALXOCHIA ACKERMANNII, PHYLLANTHUS ACKERMANNII*

– **Étymologie :** dédiée à Ackermann, producteur anglais au XIXe siècle.
– **Caractéristiques :** floraison diurne, au niveau des aréoles terminales. À partir d'un long tube, les segments se déploient, formant une fleur de 12-15 cm de diamètre.
– **Origine naturelle :** au Mexique, dans les forêts brumeuses entre 1 500 et 2 000 m d'altitude, et au sud jusqu'au Brésil.
– **Utilisation :** espèce très appréciée comme plante d'ornement. Elle était déjà connue dans le Mexique préhispanique, sous le nom de *nopalxochiquezalticquizi* ou « fleur de tuna écarlate ».
– **Culture :** se plaît en serre chaude ou tempérée humide, ou en tout autre local lumineux avec une température supérieure à 10 °C en hiver. Arrosages très réduits pendant la période de repos hivernal. Protéger de l'ensoleillement direct en toutes

◄ *Epiphyllum* 'Rose Queen'.

► *Epiphyllum* 'Vénus'.

saisons. Multiplication par bouturage des tiges (plusieurs articles). Greffage en fente en mai-juin, sur *Selenicereus* ou sur *Opuntia*.

▸ ***EPIPHYLLUM OXYPETALUM,*** REINE DE LA NUIT

– **Étymologie :** à pétales (segments) pointus, acérés.

– **Caractéristiques :** peut dépasser 2,5 à 3 m dans la nature. Fleurs de 25 cm de long et 15-20 cm de diamètre, dont la beauté lui a valu le nom de *rena de la noche*, reine de la nuit. floraison nocturne s'accompagnant d'une très plaisante exhalaison.

– **Origine naturelle :** Mexique, Guatemala, Venezuela et Brésil.

– **Culture :** identique à l'espèce précédente.

Les sujets trop encombrants peuvent être aisément taillés après la floraison.

▴ Les feuilles de certains *Epiphyllum* peuvent prendre des formes de fougères.

▾ *Epiphyllum* sp. (Cactus Estérel).

Hylocereus

Étymologie : du grec *hulos*, forêt ; cierge des forêts.
Lianes développant de longues tiges articulées, ramifiées, plus ou moins triangulaires, émettant de très nombreuses racines adventives. Épiphytes croissant parmi les arbres ou sur des rochers. Floraison nocturne spectaculaire.

▸ ***HYLOCEREUS UNDATUS,*** PITAHAYA
SYN. *H. TRIANGULARIS*

– **Étymologie :** de *undatus*, ondulé, par rapport à l'aspect des côtes au niveau des articles.
– **Caractéristiques :** tige à segments triangulaires de 4-6 cm de large, s'élevant à 8-10 m dans les arbres ou contre les murs. Aiguillons très petits. Superbe floraison, nocturne.
– **Culture :** en serre tempérée humide, cette espèce un peu frileuse atteint un grand développement. À cultiver dans un mélange terreux pour épiphytes ou même dans un mélange ordinaire pour Cactacées. Se fixe aux supports et absorbe l'humidité atmosphérique par ses racines adventives abondantes émises au niveau des tiges. Multiplication très facile par bouturage – souvent spontané du reste – à partir de segments posés à l'horizontale sur un substrat bien arrosé. Maintenir une humidité permanente, sauf pendant le repos hivernal.
– **Utilisation :** constitue un excellent porte-greffe pour d'autres espèces de diamètre petit ou moyen. Celle-ci est couramment cultivée en de nombreux pays tropicaux pour la production, à partir de variétés sélectionnées, des fruits appelés *pitahaya*. Ces derniers sont riches en vitamine C et servent à préparer des jus, des glaces et des sorbets.

▸ *H. undatus.* Cette magnifique plante peut garnir tout un pan de mur de serre ou d'un bâtiment lumineux maintenu à température régulière.

Rhipsalis

Étymologie : du grec *rhips*, jonc ou tresse, allusion à l'aspect entrelacé de plusieurs espèces. Plantes épiphytes. Tiges à segments ronds ou anguleux, ou bien aplatis, présentant parfois l'aspect de feuilles. Fleurs petites, discrètement colorées. Ces espèces sont surtout attrayantes par leurs fruits ressemblant à ceux du gui, d'où le nom de cactus-gui qui leur est parfois donné. Elles ont de lointaines affinités avec les Cactées épiphytes à tiges minces fleurissant la nuit, décrites précédemment. Ce genre est le seul à avoir quelques représentants (natifs ou introduits ?) sur des continents autres que l'Amérique.

▲ *Rhipsalis baccifera.*

▶ *RHIPSALIS BACCIFERA,*
SYN. : *R. CASSUTA*

– **Étymologie :** qui porte des baies.
– **Caractéristiques :** tiges articulées, très minces et retombantes, atteignant 1 m à 1,50 m, portant des petites baies, blanches ou rosées. Très petites fleurs blanches, surtout hivernales.
– **Origine naturelle :** Amérique du Nord et du Sud, Afrique, Madagascar et régions insulaires jusqu'au Sri Lanka.
– **Culture :** dans un mélange pour épiphytes. Se maintient bien en serre froide au-dessus de 10 °C en hiver, avec une lumière tamisée. Arroser et humidifier régulièrement sauf en saison de repos.

▼ *Rhipsalis crispata*, originaire du Brésil.

▶ *RHIPSALIS CRISPATA*

– **Étymologie :** aspect crispé de la plante
– **Caractéristiques :** Tiges constituées d'articles plats à marge ondulée vert clair, rosissant au soleil. Petites fleurs, donnant des fruits blancs.
– **Culture :** comme pour l'espèce précédente mais cette dernière est plus frileuse et se plaît dans un local tempéré.

Selenicereus

Étymologie : de *selene*, la lune en grec : cierge du clair de lune. Plantes épiphytes vivant sur des arbres ou des rochers, à longues tiges arrondies, côtelées. Aréoles développant des poils courts et des soies. Fleurs souvent spectaculaires, ouvertes en entonnoir, à segments et étamines nombreux. On en a décrit 20 espèces originaires du Mexique, de l'Amérique Centrale, du Brésil et des Antilles. Certaines produisent des alcaloïdes aux propriétés tonicardiaques.

▸ *SELENICEREUS KUNTHIANUS*

– **Étymologie :** espèce dédiée à Carl Kunth, professeur de botanique allemand du XIXe siècle.
– **Caractéristiques :** tiges minces mais vigoureuses, longues, aiguillons soyeux très courts. Floraison somptueuse, estivale et nocturne. Les fleurs blanches atteignent 20-25 cm de diamètre.
– **Origine naturelle :** Grandes Antilles, Haïti et Cuba.
– **Culture :** plantes de culture facile sur un mélange pour épiphytes, en serre froide ou tempérée, en tout cas dans un local humide et très bien éclairé. Multiplication par bouturage de tronçons de tige ; formation rapide de racines adventives.

▸ *AUTRES ESPÈCES*

– ***Selenicereus grandiflorus*** dit Reine de la nuit ; origine inconnue, à fruits comestibles.
– ***S. urbanianus*** d'Amérique Centrale. On a réalisé de nombreuses hybridations avec les *Epiphyllum* et autres genres épiphytes.

▾ La Reine de la nuit, *Selenicereus grandiflorus*, très semblable à *Selenicereus kunthianus*. La fleur ne s'ouvre qu'une seule nuit mais d'autres prennent rapidement le relai.

Schlumbergera

Syn. : *Zygocactus, Epiphyllanthus*

Étymologie : dédié à Frédéric Schlumberger, collectionneur français du XVIIIe siècle. Genre ayant des affinités avec les *Rhipsalis*. Plantes épiphytes des forêts tropicales humides, croissant sur des arbres ou sur des rochers. Ramifications composées d'articles très courts, plats, dressés ou retombants. Les segments floraux sont satinés, irréguliers, nombreux ; étamines et style saillants.

▸ *SCHLUMBERGERA RUSSELIANA*

– **Étymologie :** espèce dédiée à Paul Russel, botaniste américain de la fin du XIXe siècle.

– **Caractéristiques :** tiges de 30 à 40 cm de long, composées d'articles plats de 3 à 3,5 cm de long, garnis de quelques aiguillons très fins à leur sommet. Fleurs, roses, au printemps.

– **Origine naturelle :** Sud-Est du Brésil.

– **Culture :** dans un mélange riche en humus, très perméable. Bassiner (vaporiser) à l'eau non calcaire pendant les chaudes journées d'été mais réduire l'humidité en hiver. Plante à maintenir dans un local clair à plus de 12-15 °C. Distribuer des arrosages modérés quand les organes floraux apparaissent chez les variétés à épanouissement hivernal. Les sujets mis en plein air au jardin pendant la période estivale doivent être protégés du soleil et de la dessiccation.

▾▴ À partir de la demi-douzaine d'espèces connues, ont été créés de nombreux hybrides, dont le plus connu est *S.* x *buckleyi*, syn. *S. bridgesii*, résultant du croisement de *S. russeliana* x *S. truncata*, obtenu au XIXe siècle ; c'est le cactus de Noël, qui fleurit en début d'hiver. Ses rameaux articulés atteignent 60 cm chez les sujets âgés. De nombreux hybrides et cultivars ont été sélectionnés à partir d'autres espèces. Ce sont de très bonnes plantes pour les appartements clairs et lumineux, chauffés régulièrement.

Cactacées hybrides

Le domaine de l'horticulture a intégré, depuis une époque récente, la création de nombreux hybrides de Cactées qui connaissent un grand succès en raison de la beauté de leurs fleurs. Alors que pendant longtemps les hybrides de genres faisaient figure d'exceptions en dehors du domaine des *Epiphyllum* et des *Phyllocactus*, on dispose à présent de nombreux croisements intergénériques très divers à partir desquels, sont réalisés, « inventés » en grand nombre, des cultivars nouveaux. Un spécialiste allemand n'hésitait pas à parler récemment d'une renaissance de l'intérêt porté à ces plantes. Grâce à un choix judicieux parmi les divers géniteurs, des techniques culturales appropriées, les nouvelles obtentions sont appréciées pour leurs qualités suivantes : mise à fleur plus précoce (plantes plus jeunes), floraisons plus abondantes plus prolongées, duplicature (un plus grand nombre de segments ou pétales) et dimensions accentuées, diversité des coloris, silhouette plus ou moins largement déployée, vigueur accrue des organes végétatifs.

▲ Hybride d'*Astrophytum* : *A. ornatum* x *A. capricorne* (photo Henri Bertrand).

On peut citer parmi les groupes les plus concernés par ces améliorations : à nouveau des variétés issues de Cactacées épiphytes, mais aussi quantité d'hybrides de : *Echinopsis*, *Echinocereus*, *Lobivia*, *Trichocereus* et genres apparentés ; aussi des hybrides issus du genre *Opuntia*, présentant un certain degré de rusticité. Il s'agit très souvent aussi de « multihybrides », dont l'origine génétique est difficile à décrypter.

▼ Hybride de Trichocereus : 'Orange California x 'Gräsers' Überraschung (photo Kakteen-Willi). La fleur a un diamètre de 17 cm !

Leur culture ne présente pas plus de difficultés que pour les autres représentants de cette famille commentés parmi ces pages, même souvent moins mais à la condition de tenir compte de leur croissance relativement rapide et de procéder régulièrement à des rempotages avec des mélanges appropriés.

Cactoideae

Groupe III : Cactées globulaires pourvues d'un céphalium

Plantes globulaires ou subsphériques, hérissées d'aiguillons, développant après plusieurs années de croissance un céphalium terminal. Leur affinité avec certains genres céréiformes (colonnaires) sud-américains est possible mais reste hypothétique.

Melocactus

Étymologie : de *melopepo*, en abrégé *melo*, nom du melon chez les Latins. Il en existe 30 à 40 espèces (selon les auteurs) surtout présentes dans les régions littorales sous les tropiques, et quelques-unes en altitude.

▶ ***MELOCACTUS COMMUNIS,*** SYN. : *M. INTORTUS*

– **Étymologie :** espèce relativement commune, accessible étant donné la situation des biotopes près de la mer.
– **Caractéristiques :** espèce globulaire à aiguillons de 2 à 5 cm de long. À partir d'un certain âge développe un céphalium laineux, au niveau duquel se forment quantité de petites fleurs d'un rose variable, puis des petits fruits rouges, comestibles. Chez les individus âgés, le céphalium peut atteindre 50 cm de haut, ce qui a valu à l'espèce d'être désignée « Tête à l'Anglais ».
– **Origine naturelle :** Petites Antilles.
– **Culture :** la reprise de sujets récoltés dans la nature est vouée à l'échec. Le semis permet d'obtenir des plantes dont la croissance pourra être ensuite accélérée par le greffage des très jeunes sujets. La serre chaude est nécessaire ou au moins la serre tempérée avec au minimum 15 °C pendant les périodes les plus froides. La culture de ces *Melocactus* reste en tout cas difficile sous nos climats ; leur maintien pendant de nombreuses années requiert une bonne expérience. Une saison de repos doit être observée en hiver mais elle doit être accompagnée d'une légère humidification de l'atmosphère. Cette espèce est en voie de disparition et inscrite sur le Livre rouge de l'Union internationale pour la Conservation de la Nature. Il est strictement interdit de récolter des sujets dans la nature.

◂ *Melocactus communis*. La récolte illégale, la consommation des petits fruits par les enfants et la destruction par les troupeaux ont abouti à la disparition de la plus grande partie de ses peuplements et des individus parfois centenaires autrefois présents sur les îles des Saintes et de la Désirade en Guadeloupe.

Cactoideae

Groupe IV : Cactées globulaires ou colonnaires d'Amérique du Sud

Ce groupe comprend les Cactées globulaires ou colonnaires appartenant à la flore de l'Amérique du Sud, à l'exception du genre *Astrophytum* qui est nord-américain. La plupart de ces plantes croissent dans un milieu où le calcaire est absent.

Astrophytum

Étymologie : de *aster*, étoile, et *phyton*, plante, allusion à la forme étoilée des sujets.
Ce genre est un descendant géographiquement isolé des *Notocactus* sud-américains (W. Barthlott 1977). Espèces globulaires souvent très côtelées, parfois colonnaires. On a décrit 4 espèces originaires du Mexique et du Texas, ayant peu d'affinités avec les autres genres propres à cette région. L'épiderme de la plante est souvent tacheté, plus ou moins régulièrement garni de ponctuations blanches. Ces espèces sont appréciées par les horticulteurs mais les nombreuses hybridations interspécifiques rendent parfois leur identification difficile. Certains taxons produisent des alcaloïdes.

▾ *Astrophytum asterias*.

▸ ***ASTROPHYTUM ASTERIAS***

– **Étymologie :** aussi en rapport avec la forme étoilée de la plante.
– **Caractéristiques :** on l'appelle parfois cactus oursin en raison de sa morphologie, mais il n'y a pas d'aiguillons. Corps sphérique, atteignant 8-12 cm de diamètre, avec des aréoles laineuses. Fleurs jaune clair.
– **Origine naturelle :** Mexique, Texas.
– **Culture :** en serre tempérée, ou froide, maintenue à 7-8 °C en hiver ; nécessite une exposition très ensoleillée. Mélange ordinaire pour Cactées.

◂ Collection d'*Echinopsis* hybrides.

▲ *Astrophytum myriostigma.*

▸ *ASTROPHYTUM MYRIOSTIGMA*

– **Étymologie :** qui présente de nombreuses taches.
– **Caractéristiques :** 4 à 9 côtes en partie recouvertes de macules écailleuses, blanches. Fleurs jaunes. Il existe une var. *quadri-costata* à 4 côtes, une var. *nudum* sans macules etc., ainsi que des hybrides.
– **Origine naturelle :** états du Nord et du centre du Mexique.
– **Culture :** idem espèce précédente.

▸ *AUTRES ESPÈCES*

– *Astrophytum capricorne* à épiderme maculé et aiguillons brun foncé, arqués et flexibles, atteignant parfois 5-6 cm de long.

Borzicactus

Étymologie : genre dédié à Antonio Borzi, directeur du jardin botanique de Palerme.
Organes végétatifs érigés ou prostrés et articulés ou bien globulaires, à côtes nombreuses. Aiguillons en nombre très variable, très nombreux chez certaines espèces. Exigences climatiques elles aussi fort diverses. Leur place est encore mal délimitée dans la systématique. Toutes sont originaires de l'Amérique du Sud.

▼ *Bozicactus samaipatanus.*

▸ *BORZICACTUS SAMAIPATANUS,*
SYN. : *BOLIVICEREUS SAMAIPATANUS*

– **Étymologie :** référence au lieu d'origine, Samaipata dans la Cordillère de Cochabamba, vers 1 500 m d'altitude en Bolivie.
– **Caractéristiques :** tiges de 1,5 m de haut et 4-5 cm de diamètre. Aiguillons de 5-25 mm. Fleurs rouge vif en été, diurnes.
– **Culture :** en serre froide mais à plus de 5 °C en hiver, avec une atmosphère sèche. Mélange ordinaire pour Cactées. Plantes très florifères si elles bénéficient d'un bon ensoleillement.

Discocactus

▲ *Discocactus heptacanthus.*

Étymologie: de *dis*, deux, par rapport aux fleurs dont les segments (pétales) sont disposés au moins sur deux niveaux.

▸ *DISCOCACTUS HEPTACANTHUS*

– **Étymologie:** dont les aiguillons seraient souvent au nombre de 7.
– **Caractéristiques:** corps vert sombre, globulaire de 10-15 cm de diamètre et 6 d'épaisseur environ, garni de protubérances de forme irrégulière portant chacune 5 à 12 aiguillons de longueur variable. Au sommet de la plante, céphalium à développement réduit, constitué d'une masse blanche laineuse parsemée de soies diversement colorées. Fleurs blanches de 5 à 7 cm de long et 5 à 6 de diamètre, s'ouvrant la nuit en juin ou juillet, répandant un parfum très suave.
– **Origine naturelle:** dans le Mato Grosso au Brésil.
– **Culture:** comparable à celle des *Melocactus*. Ces plantes ont besoin de chaleur et d'un bon ensoleillement.

▼ *Cleistocactus aureispinus.*

Cleistocactus

Étymologie: du grec *cleistos*, fermé, car la fleur en forme de tube reste apparemment fermée à son extrémité. Plantes céréiformes aux tiges érigées ou prostrées, développant de nombreuses côtes avec des aréoles densément garnies d'aiguillons. On en a décrit une soixantaine d'espèces toutes originaires d'Amérique du Sud, très décoratives à la fois par leurs organes végétatifs et par leurs fleurs souvent visitées et fécondées par les colibris.

▸ *CLEISTOCACTUS AUREISPINUS,* SYN. HILDEWINTERA AUREISPINA, LOXANTHOCEREUS AUREISPINUS

– **Étymologie:** allusion à la couleur dorées des aiguillons
– **Caractéristiques:** tiges en colonne ramifiée, érigée ou inclinée et même rampante, 1,5 m de haut et 2,5 cm de diamètre. Aiguillons très abondants jaune vif, de 1 à 1,5 cm de long. Très belles fleurs rouge intense, diurnes, estivales, dont les segments terminaux

▲ *Cleistocactus smaragdiflorus.*

– contrairement à ce qui a lieu chez beaucoup d'autres espèces – s'ouvrent à l'extrémité du tube.
– **Origine naturelle :** Bolivie.
– **Culture :** en serre froide très ensoleillée de préférence, dans un mélange enrichi à base d'éléments minéraux et d'un peu de terreau bien décomposé. Maintenir la température au-dessus de 7 °C en hiver. Multiplication par semis printanier et bouturage d'articles.

▸ *CLEISTOCACTUS SMARAGDIFLORUS*

– **Étymologie :** en relation avec la couleur vert émeraude de l'extrémité de la fleur.
– **Caractéristiques :** tiges, les unes dressées, les autres retombantes, très minces, atteignant 2 m de long et 3-6 cm de diamètre. Floraison diurne, au printemps et en été.
– **Origine naturelle :** Nord de l'Argentine, Uruguay et Paraguay.
– **Culture :** se plaît en serre froide, dans un mélange ordinaire pour cactées. Se développe bien en pleine terre pourvu que le sol soit poreux et l'exposition très ensoleillée ; maintenir un peu d'humidité au niveau du sol en hiver avec une température de quelques degrés au-dessus de 0 °C.

▸ *AUTRES ESPÈCES*

On peut voir dans les collections ***Cleistocactus strausii***, espèce colonnaire s'élevant jusqu'à 2-2,5 m de hauteur, abondamment garnie de soies blanches et produisant des fleurs rouges, elles aussi soyeuses. ***C. ritterri***, espèce décrite seulement en 1962 s'élève à 1 m. Fleurs jaune citron. La culture est identique à *C. smaragdiflorus*. On a réussi aujourd'hui à réaliser des *hybrides* interspécifiques et intergénériques remarquables, notamment avec le genre *Echinopsis*.

Copiapoa

Étymologie : en rapport avec la provenance de ces plantes : province et ville de Copiapo au Chili. Plantes globulaires ou parfois céréiformes, isolées ou bien constituant des touffes denses. Les côtes sont parfois recouvertes d'une substance cireuse claire. Floraison difficile à obtenir en culture. L'aspect des aiguillons est variable. Ce genre constitue un parfait exemple de l'aptitude des Cactées à supporter des conditions

◂ *Cleistocactus strausii.*

d'extrême sécheresse imposées par l'environnement. Vingt espèces, toutes sud-américaines, ont été décrites.

▸ *COPIAPOA CINEREA*

– **Étymologie :** évoque la couleur cendrée de l'épiderme et la couleur noire des aiguillons.
– **Caractéristiques :** corps sphérique de 10-15 cm de diamètre. Mamelons déprimés portant des aréoles laineuses surtout au sommet de la plante. Une sécrétion naturelle cireuse contribue à limiter l'évaporation. Fleurs diurnes jaune vif, tard en été.
– **Origine naturelle :** désert d'Atacama au Nord-Ouest du Chili.
– **Culture :** difficile, cette espèce ayant évolué dans des conditions d'aridité extrêmes. Dans leur biotope d'altitude, ces plantes sont parfois privées de précipitations pendant plusieurs années, soumises à une luminosité très intense. Il est donc impossible de reconstituer cet environnement sous les climats tempérés. De magnifiques sujets se maintiennent cependant très bien sous abri au Jardin Exotique de Monaco, avec 5-8 °C minimum en hiver. Multiplication par semis en serre chaude dans un mélange sableux contenant de l'humus bien décomposé. Il faut ensuite les conserver dans un abri très ensoleillé. Arrosages modérés même au cœur de l'été.

▾ *Copiapoa cinerea.*

Echinopsis

▲▼ Ci dessus, *Echinopsis mamillosa*, à fleurs blanches et ci-dessous sa variété 'Kermesina' à fleurs rouges.

Étymologie : du grec *echinos*, hérisson et *opsis*, ressemblance. Plantes globulaires, parfois colonnaires mais peu élevées, à côtes très prononcées. Densité des aréoles très variable. Fleurs généralement grandes, à long tube, diurnes. La position systématique de ce genre donne lieu à discussions et n'est pas définitive au niveau de nombreux taxons, dont une quarantaine a été décrite.

▸ *ECHINOPSIS MAMILLOSA*

– **Étymologie :** en rapport avec la présence de côtes divisées en tubercules ou mamelons.

– **Caractéristiques :** corps globulaire avec plus de 30 côtes plus ou moins mamelonées-tuberculées. Aiguillons courts et acérés, jaunâtres, d'aspect variable dans la nature. Les fleurs blanches, parfois lavées de rose, se forment latéralement et durent 2 à 3 jours. On rencontre dans de nombreuses collections une très belle variété issue de cette espèce, la variété *kermesina*, à fleurs rouges (initialement décrite sous le nom de *Lobivia kermesina*, puis de *Pseudolobivia kermesina*).

– **Origine naturelle :** Argentine et Bolivie.

– **Culture :** facile en serre froide, dans un mélange terreux perméable mais consistant. Hiverner au-dessus de 5 °C, mais peut supporter temporairement une température voisine de 0 °C. Certains cultivateurs sont convaincus que la couleur des variétés, dans la nature, dépend de la nature du sol. Il pourrait en être de même en culture, en utilisant des mélanges terreux ou des engrais de différentes compositions. Ainsi serait rendue plus ou moins possible la formation d'anthocyanes colorant les fleurs. Il est conseillé d'apporter un peu d'humidité lorsqu'en fin d'hiver, la température s'élève avec l'ensoleillement.

▲ *Echinopsis nigra.*

▸ *AUTRES ESPÈCES*

D'autres espèces sont intéressantes pour les amateurs, telles *E. huottii* de Bolivie, à fleurs blanches, ou *E. nigra*, du même pays, à fleurs roses. L'hybridation avec d'autres genres, avec Lobivia notamment, a donné des nouveautés très appréciées par les professionnels et les amateurs.

Eriosyce

Étymologie : du grec, *erion*, laine et *syce*, figue, allusion à l'aspect de la plante.

▸ *ERIOSYCE AURATA*

▼ *Eriosyce aurata.*

– **Caractéristiques :** ces végétaux peuvent acquérir de grandes dimensions, près d'un mètre de hauteur dans la nature. Ils développent 15 à 35 côtes portant de grandes aréoles ayant chacune 15 à 20 aiguillons de 3 à 5 cm de long. Ils sont de plus en plus nombreux et de plus en plus colorés, devenant brun-roux, en vieillissant. Fleurs rouge carmin à tube poilu, de 3 à 6 cm de long et 3 à 4 cm de diamètre.

– **Origine naturelle :** Chili, région montagneuse de Coquimbo, entre Valparaiso au sud et Acatama au nord.

– **Culture :** ces plantes peuvent être conservées pendant de nombreuses années si elles se trouvent dans un bon environnement. Mélange standard, non calcaire. Aérer fréquemment et suspendre tout arrosage en hiver, en maintenant une température de 5 °C minimum. Arroser régulièrement mais très modérément de mai à septembre.

Gymnocalycium

Étymologie : du grec *gymnos*, nu, et *calyx* calice, caractère morphologique se rapportant à la fleur. Plantes globulaires de petit diamètre en général, souvent solitaires, à côtes arrondies, montrant des protubérances séparées par des dépressions portant les aréoles. Fleurs diurnes blanches, jaunes, rouges ou roses, parfois oranges. Ces plantes sont appréciées à la fois pour l'aspect de l'appareil végétatif et pour leurs floraisons généreuses. Il en existe une cinquantaine d'espèces naturelles ainsi que de très beaux cultivars.

▸ *GYMNOCALYCIUM HORSTII*

– **Étymologie :** dédiée à son découvreur, Leopold Horst.
- Caractéristiques : plante globulaire, de 10-12 cm de diamètre. Les 5 à 6 côtes sont délimitées par des sillons profonds. Fleurs du blanc au rose. Floraison diurne, estivale.
– **Culture :** si la croissance de ces plantes est un peu lente, la culture en est par contre assez facile, dans une serre froide ou tout autre local bien éclairé à l'intérieur duquel on maintiendra plus de 5-8 °C en hiver. Par ailleurs, assez faiblement protégées de la lumière par leurs aiguillons, on peut conseiller d'exposer ces plantes à un ensoleillement modéré, en leur apportant une lumière tamisée en été. Utiliser une terre perméable, pauvre en éléments organiques. Ne distribuer que des arrosages rares et parcimonieux en hiver.

▾ *Gymnocalycium horstii.*

▸ *GYMNOCALYCIUM MIHANOVITCHII*

– **Étymologie :** honore M. Mihanovitch, mécène qui contribua à la découverte de plusieurs espèces au début du XIXe siècle.
– **Caractéristique :** plante globulaire de 6-8 cm de diamètre, brun-vert olive ou rougeâtre. En général, 8 côtes faiblement mamelonnées et striées transversalement. Aiguillons minces, blanchâtres. Floraison diurne, en début d'été.
– **Origine naturelle :** Gran Chaco au Paraguay.
– **Variabilité :** l'espèce type est assez peu fréquente dans les cultures alors que diverses formes qui en sont issues ont donné lieu à une production

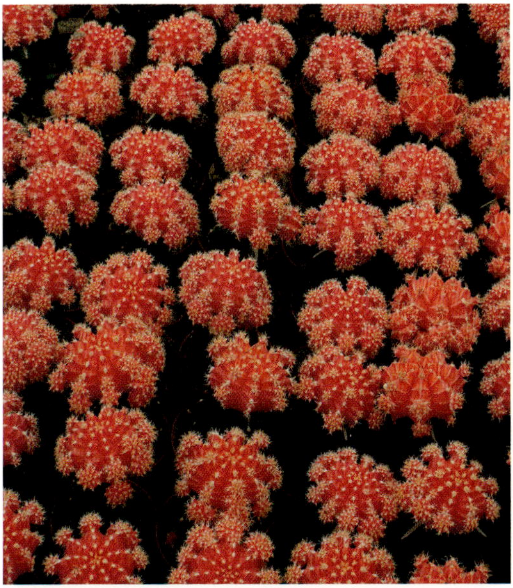

◂ ▾ Le greffage des cultivars colorés de *G. mihanovitchii* se fait au premier stade de développement, sur *Hylocereus undatus*, *Myrtillo-cactus geometrisans* ou *Trichocereus spachianus*.

de grande ampleur, commercialisée dans de très nombreux pays. Dans la nature, diverses formes avaient été observées, dont celle dite 'Rubra', rouge brillant. Comme elle est dépourvue de chlorophylle, elle disparaît dès le stade de la jeune plantule et passe donc inaperçue aux yeux des prospecteurs. Mais en 1941, E. Watanabe, horticulteur japonais ayant trouvé dans l'un de ses semis de plusieurs milliers de graines deux de ces sujets colorés mais sans chlorophylle, eut l'idée de les greffer. Le porte-greffe, grâce à sa chlorophylle, permit de conserver cette mutation. Aujourd'hui, il existe toute une gamme de ces cultivars commercialisés greffés, offrant les couleurs : jaune d'or, rouge saumoné, rose, carmin, brun, etc.

– **Culture :** l'espèce type, qui n'est pas parmi les plus remarquables, se cultive dans un milieu poreux, contenant une bonne proportion de sable graveleux, à mi-ombre, à plus de 8 °C. Arrosages parcimonieux pendant toute la saison hivernale. Il faut impérativement préserver de l'ensoleillement direct les cultivars colorés greffés. Le soleil provoque des brûlures généralement suivies du dépérissement de la plante.

▲ *Lobivia oreopepon.*

Lobivia

Étymologie : anagramme de Bolivia, la Bolivie d'où sont originaires de nombreuses espèces de ce genre.
Plantes globulaires ou parfois cylindriques, surtout chez les sujets âgés. Côtes nombreuses marquées de sillons délimitant des protubérances armées d'aiguillons très variables en nombre et en longueur. Floraison diurne, avec des couleurs vives surtout jaunes ou rouges ou orangé, se produisant au niveau des aréoles. On trouve les *Lobivia* en Bolivie, au Nord de l'Argentine et au Pérou. Plus de 150 espèces ont été décrites mais en fait, pour beaucoup d'entre elles, il n'est pas possible de les inclure définitivement dans ce genre, tant leurs caractéristiques les rapprochent des *Echinopsis* et aussi des *Soehrensia* et des *Chamaecereus*.
Ce groupe en tout cas présente un grand intérêt pour les professionnels et les amateurs. Ce sont des plantes très florifères, peu frileuses et émettant des rejets en abondance, ce qui facilite leur multiplication.

▸ ***LOBIVIA FAMATIMENSIS,*** SYN. *REBUTIA FAMATTIMENSIS, REICHEOCACTUS NEOREICHEI*

– **Étymologie :** situe son lieu d'origine.
– **Caractéristiques :** plante excessivement variable, solitaire ou en groupe ; très belle espèce mais difficile à mettre en place dans la classification. Forme globulaire à ovale cylindrique, de 5 à 15 cm de haut et 2 à 6 de diamètre, pouvant émettre de nombreux rejets. Apex déprimé, épiderme gris vert à vert olive ou gris brun lavé de pourpre. 24 à 40 côtes divisées en 12 à 18 tubercules petits, hémisphériques. Neuf à 12 aiguillons aplatis, plus ou moins pectinés (disposés comme les dents d'un peigne), blanchâtres, gris, jaunes ou bruns. Fleurs en entonnoir, laineuses au point de naissance, 2 à 3 cm de long, 2 à 5 de diamètre, jaunes, orange ou rouge clair, en mai. Tube court, laineux également.
– **Origine naturelle :** montagnes de l'Argentine, dans la Sierra Famatima.
– **Culture :** comme pour *Lobivia silvestrii.*

▾ *Lobivia silvestrii.*

▸ *LOBIVIA OREOPEPON,* SYN. *SOEHRENSIA OREOPEPON*

– **Étymologie :** du grec *oros*, montagne et *pepon*, le melon
– **Caractéristiques :** plante en forme de petit tonneau atteignant 50 cm de haut et 30 cm de diamètre. Jusqu'à 30 côtes chez les sujets âgés. Certains aiguillons sont courts et rigides, d'autres sont souples et peuvent atteindre 7 cm de long. Fleurs jaunes mais parfois rouges chez certaines variétés.
– **Culture :** plante de serre froide, mais à cultiver dans un milieu sain, maintenu très sec pendant la période hivernale. Multiplication par semis et prélèvement des rejets.

▴ *Lobivia sylvestrii*: les mutations sans chlorophylle, à tiges jaunes, sont conservées par greffage de même que pour *Gymnocalycium mihanovitchii*. Il convient aussi de les préserver de l'ensoleillement direct.

▸ *LOBIVIA SILVESTRII,* SYN. *CHAMAECEREUS SILVESTRII, ECHINOPSIS CHAMAECEREUS*

– **Étymologie :** espèce dédiée à Filippo Silvestri, un ami de l'érudit cactologue Spegazzini.
– **Caractéristiques :** petite espèce céréiforme atteignant au max. 15 cm de haut et 2,5 cm de diamètre. Côtes nombreuses portant des aréoles très rapprochées, armées d'aiguillons soyeux. Fleurs très ouvertes à segments rouge vif, étalés, se développent parfois à profusion, notamment lorsque la saison froide de repos a été bien marquée, même avec quelques degrés sous 0 °C.
– **Origine naturelle :** région de Tucuman en Argentine.
– **Culture :** cultiver à exposition ensoleillée. Multiplication facile par prélèvement des rejets. Cette espèce est souvent hybridée, notamment avec *Lobivia famatimensis*, ce qui donne des sujets plus vigoureux.

▾ *Lobivia drayleriana.*

▸ *AUTRES ESPÈCES*

– ***Lobivia pseudocachensis***, syn. *Neolobivia nealeana*, jolie espèce prolifère formant des touffes (province de Salta en Argentine).
– ***Lobivia incaica***, syn. *Neolobivia incaica*, aux fleurs de couleur rubis, croît jusqu'à 3400 m au Pérou et résiste au gel en milieu excessivement sec.
Lobivia cinnabarina, espèce bolivienne à fleurs carmin, est cultivée en Europe depuis le milieu du XIXe siècle. ***Lobivia tiegeliana*** du Sud de la Bolivie, développe de belles fleurs rose violacé.

▲ *Loxanthocereus tessellatus.*

Loxanthocereus

Étymologie : du grec *loxos*, oblique et *anthos*, fleur, allusion à la disposition des fleurs sur la tige.

▸ ***LOXANTHOCEREUS TESSELLATUS,*** SYN. : *BORZICACTUS TESSELLATUS, CLEISTOCACTUS FIELDIANUS, C. TESSELLATUS.*

– **Caractéristiques :** plantes de 3 à 6 m de hauteur ; 6 à 10 côtes séparées par des sillons peu profonds. Sillons transversaux superficiels séparant les aréoles. 8-12 aiguillons 3 à 12 m de long. Fleurs diurnes à tube étroit 6-10 cm long, velu ; corolle rouge vif largement ouverte, 4 à 8 cm de diamètre, en été.
– **Origine naturelle :** Pérou, fleurs butinées par les colibris.
– **Culture :** sous abri maintenu à 10 °C en hiver ou en serre tempérée. La culture dans de grands conteneurs ou en pleine terre permet d'obtenir régulièrement des floraisons.

Matucana

Étymologie : du nom d'un village situé dans la Cordillère occidentale du Pérou, près de Lima. On en a décrit 20 espèces globulaires ou bien céréiformes. Aujourd'hui encore, de nombreux taxons appartenant à ce groupe sont difficiles à situer, certains auteurs les plaçant dans le genre *Submatucana* ou bien parmi les *Borzicactus*.

▸ ***MATUCANA YANGANUCENSIS***

– **Étymologie :** originaire de Yanganuco, Cordillera Blanca, Pérou.
– **Caractéristiques :** tige globulaire de 10-15 cm de diamètre, 20 à 30 côtes, nombreux aiguillons fins, plus ou moins foncés. Fleurs rouge verdâtre, au printemps, parfois jusqu'au milieu de l'été. Il existe dans la nature diverses formes : la variété *fuscispina* (Cordillera Negra, Pérou) a des aiguillons brun très foncé.
– **Culture :** si le type s'obtient par semis, on maintient les variétés par greffage. Il est parfois difficile de cultiver

◂ *Matucana yanganucensis* var. *fuscispina*. Son aspect particulier la fait rechercher par les collectionneurs.

ces plantes dans les pays tempérés où la durée du jour et de la nuit varie considérablement selon les saisons. Ce sont des espèces d'altitude à maintenir en serre froide, au-dessus de 10 °C, en observant un repos hivernal marqué, les plantes étant conservées au sec avec une très bonne aération. Éviter l'ensoleillement intense pour les variétés.

Neoporteria

Étymologie : genre dédié à Carlos Porter, entomologiste chilien.

▸ *NEOPORTERIA SUBCYLINDRICA,*
SYN. *ERIOSYCE SUBCYLINDRICA VAR. SUBGLOBOSA*

– **Caractéristiques:** plante solitaire dont l'aspect est très variable. Atteint près de 1 m de haut avec un diamètre très variable; parfois ramifié. 15 à 21 côtes; aiguillons plus ou moins aigus et plus ou moins denses, blancs ou jaunes. Fleurs diurnes de couleur rose à pourpre foncé, au printemps mais parfois remontantes en arrière saison. Nombreuses variétés.
– **Origine naturelle :** régions de Coquimbo et Los Vilos au Chili.

▸ *AUTRE ESPÈCE*

Neoporteria nigrihorrida syn. *Eriosyce nigrihorrida*, syn. *Eriosyce subgibbosa* var. *nigrihorrida*. Plante globulaire moins variable que la précédente, ne dépassant pas 20 cm de haut et environ 10 cm de diamètre, originaire de la région littorale du Chili. Espèce très élégante avec ses fleurs roses et ses longs aiguillons brun-noir.

▾ À gauche, *Neoporteria nigrihorrida*; à droite *Neoporteria subcylindrica.*

Un peu fragile, on peut la greffer sur *Cereus*. ***Neoporteria napina*** var. ***spinosior*** avec des fleurs roses et blanches est garni lui aussi d'aiguillons sombres, moins denses, avec des aréoles blanches.

– **Culture :** ces deux espèces se cultivent sur un mélange ordinaire de terre perméable ; plantes à maintenir en hiver à une température supérieure à 6 °C à 8 °C, mais la seconde espèce doit être protégée dans le cas d'un trop intense ensoleillement.

▲ *Neoporteria napina.*

▼ *Notocactus horstii*: utiliser un mélange un peu acide. Semis au printemps. On peut greffer sur *Trichocereus spachianus* mais en tout état de cause, la floraison peut débuter à partir de la 2e année.

Notocactus

Étymologie : de *notos*, sud en grec, ces plantes étant originaires d'Amérique australe. Corps globuleux déprimés au sommet, parfois cylindriques, solitaires ou bien constituant des groupes. Dimensions moyennes. Aréoles souvent laineuses. Côtes généralement tuberculées. Fleurs à tube laineux, en forme d'entonnoir plus ou moins ouvert. Ce genre inclut aujourd'hui *Brasilicactus, Eriocactus* et *Wigginsia*, réunissant environ 25 espèces.

▸ *NOTOCACTUS HORSTII*

– **Étymologie :** dédiée à Léopold Horst qui l'a décrite en 1904.

– **Caractéristiques :** globulaire à l'état jeune puis elle s'allonge, atteignant 30 cm de haut et jusqu'à 15 cm de diamètre. Sommet garni de laine blanchâtre. Aréoles feutrées, blanches, développant 10 à 15 aiguillons de 1,5 à 3,5 cm de long. Floraison apicale variant du jaune à l'orange.

– **Origine naturelle :** Serra Geral, région du Rio Grande del Sul.

– **Culture :** en serre tempérée ou dans tout autre local clair maintenu à 10-12 °C minimum en hiver.

▸ *NOTOCACTUS MAMMULOSUS,*
SYN. *ECHINOCACTUS MAMMULOSUS, MALACOCARPUUS MAMMULOSUS*

– **Étymologie :** qui développe de petites mamelles.
– **Caractéristiques :** globulaire à l'état jeune puis elle s'allonge pour atteindre 10-12 cm de haut et 6 cm de diamètre. 18 à 20 côtes marquées de tubercules ou mamelons nettement différenciés. Fleurs jaune clair, jaune orangé chez certaines variétés, en été.
– **Origine naturelle :** Argentine, Brésil et Uruguay.
– **Culture :** idem espèces précédentes.

▴ *Notocactus mammulosus.*

▸ *AUTRES ESPÈCES*

– ***Notocactus haselbergii*** du Brésil, à tige unique, fleurs rouge.
– ***Notocactus leninghausii***, syn. *Eriocactus leninghausii*, espèce brésilienne à fleurs jaune citron, souvent commercialisée et dont les sujets âgés atteignent 0,80-1 m de haut. Culture facile, en serre tempérée ou dans tout autre local clair maintenu à 10-12 °C minimum en hiver.
– ***N. scopa*** du Brésil et de l'Uruguay, aux aréoles blanches garnies de fins aiguillons et fleurs jaunes.

▾ *Notocactus leninghausii* (type) à gauche, et la variété 'Alba' à droite (Pépinières Cactus Estérel).

▲ *Oroya peruviana.*

Oroya

Étymologie : du nom de la ville de La Oroya, province de Yauli dans les Andes du Pérou.

▶ ***OROYA PERUVIANA,*** SYN. : *O. GIBBOSA, O. SUBOCCULATA.*

– **Caractéristiques :** plantes en forme de sphère aplatie émergeant de 8 à 12 cm au dessus du sol avec un diamètre du 15 à 18 cm pour les sujets les plus âgés en culture ; dimensions beaucoup plus grandes dans la nature. Douze à 25 côtes échancrées formant des tubercules plus ou moins apparents. Aréoles ovales allongées, portant 8 à 12 aiguillons brun clair, 8 à 15 mm long, disposés comme les dents d'un peigne. Floraison diurne en mai-juin. Fleurs à tube relativement court, roses ou rouge clair, dont la partie terminale des segments est évasée ; mesurant 1,5 à 2,5 cm ; nombreuses, elles sont disséminées à la partie supérieure de la plante.
– **Origine naturelle :** centre du Pérou, région de La Oroya et Acolla, entre 3 800 et 4 000 m d'altitude.
– **Culture :** espèce soumises à de grandes variations de températures dans la nature ; à cultiver en serre froide ou sous abri avec protection contre le gel, mais dans un local bien aéré et très ensoleillé. Mélange standard. Protéger de l'humidité résiduelle en disposant un lit de graviers ou de petits galets à la base de la plante.

Parodia

Étymologie : genre dédié à Domingo Parodi, naturaliste explorateur du Paraguay au début du XXe siècle. Plantes globulaires, petites, allongées chez les sujets âgés. Côtes plus ou moins visiblement disposées en spirales, avec des tubercules portant des aréoles souvent laineuses. Elles développent des aiguillons parfois crochus. Fleurs diurnes, jaune orangé ou rouge, se formant au sommet de la plante. Genre très apprécié à la fois par les amateurs et les professionnels. On en a décrit plus de 100 espèces mais il s'agit en fait souvent de variétés et seulement la moitié des espèces décrites peut être retenue.

▸ *PARODIA AYAPOYANA*

– **Étymologie :** originaire de la province d'Ayapoya en Bolivie.
– **Caractéristiques :** d'abord globulaire, il s'allonge ensuite pour atteindre 60 cm de long et 8-12 cm de diamètre. Aréoles feutrées, blanches, aiguillons rigides, blancs. Bouquet terminal de fleurs jaune orangé à tube court.
– **Culture :** en serre tempérée, dans un mélange ordinaire pour Cactées, un peu acide. Substrat très perméable avec du gravier en surface pour éviter la pourriture du collet. Maintenir à 8-10 °C minimum avec une humidité très faible pendant la saison hivernale. Multiplication par semis et bouturage des rejets.

▸ *PARODIA CHRYSACANTHION*

– **Étymologie :** évoque la couleur dorée des aiguillons.
– **Caractéristiques :** plante globulaire, solitaire ou bien formant

▾ À gauche : *Parodia ayapoyana* est une plante fragile, surtout en début de croissance.
À droite : *Parodia chrysacanthion*, originaire du Nord de l'Argentine, se cultive de la même façon que l'espèce précédente.

▲ *Parodia otuysensis.*

des coussins, d'environ 10 cm de diamètre. Côtes nombreuses, spiralées et tuberculées. Aréoles blanches ou jaune clair, munies de nombreux aiguillons droits, jaune d'or, 2 à 4 cm de long. Fleurs jaune vif, diurnes, au printemps et en début d'été.

▸ *PARODIA OTUYENSIS*

– **Étymologie :** originaire d'Otuya en Bolivie.
– **Caractéristiques :** subsphérique, vert grisâtre, 4-11 cm de diamètre, à côtes spiralées. Nombreux aiguillons brun clair, de 2 à 3 cm de long. Fleurs rouge vif avec des étamines jaunes, en bouquet terminal. Les fruits persistent longtemps sur la plante.
– **Culture :** idem espèce précédente.

Rebutia

Syn. : *Aylostera, Sulcorebutia*

Étymologie : genre dédié à G. Rebut, viticulteur français grand amateur de Cactées, au XIXe siècle.
Plantes globulaires à sommet plat ou déprimé. Côtes plus ou moins nettement spiralées, finement tuberculées, développant au fil des années de nombreux rejets. On peut admettre 30 à 40 espèces originaires de l'Argentine et de la Bolivie, et un grand nombre de variétés et de formes.

▼ À gauche : *Rebutia heliosa* forme de nombreux petits coussins pectinés et est une plante très florifère et facile à cultiver. À droite : *Rebutia ritteri.*

▸ *REBUTIA HELIOSA*

– **Étymologie :** espèce dédiée à *Helios*, le dieu grec du soleil.
– **Caractéristiques :** moins de 3 cm de diamètre au départ, il prolifère ensuite, émettant un grand nombre de rejets et formant un coussin. Nombreuses aréoles pectinées, serrées, portant 20 à 25 aiguillons jaune-brun.
– **Origine naturelle :** Bolivie, vers 2 500 m d'altitude.
– **Culture :** en serre froide, dans un mélange de terre un peu acide (humus bien décomposé), très facile si on dispose d'un abri bien ensoleillé. Hiverner à plus de 2-5 °C. Plante très florifère. Multiplication par semis et prélèvement des rejets.

▴ *Rebutia pseudodeminuta* : originaire de la province de Salta en Argentine, vers 2 000 m d'altitude. Sa culture est identique à celle de *R. heliosa*.

▸ *REBUTIA PSEUDODEMINUTA*

– **Étymologie :** du grec, *pseudo*, faux et du latin *deminuta*, réduit, diminué. Souligne qu'elle atteint un développement normal.
– **Caractéristiques :** vert soutenu, atteint 10 cm de hauteur. Environ 20 côtes tuberculées. Fleurs rouges à étamines jaunes.

▸ *REBUTIA RITTERI*, SYN. *LOBIVIA RITTERI*

– **Étymologie :** espèce dédiée à son découvreur, Friedrich Ritter.
– **Caractéristiques :** 1,5 à 2,5 cm de diamètre, abondamment garnie d'aréoles blanches à partir desquelles rayonnent de nombreux aiguillons très fins, étalés, blancs. Fleurs allant du rouge clair au rouge écarlate, au printemps, parfois en été.
– **Origine naturelle :** Bolivie, région d'Escayachi.

▾ *Pseudorebutia*, genre proche des *Rebutia*.

▸ *AUTRES ESPÈCES*

Originaires de la Bolivie : ***Rebutia albiflora***, à fleurs blanches. ***R. graciliflora*** à fleurs rouge écarlate, de la région de Camargo à 3 000 m d'altitude. ***Rebutia narvaecensis***, à fleurs roses. *Rebutia weingartiana* à longs aiguillons et fleurs jaunes.

▲ *Submatucana ritteri*, découvert par Rauh et Ritter dans les Andes péruviennes en 1953, présente un corps globulaire de 5 à 14 cm de diamètre garni de 12 à 22 côtes larges de 1 cm à la base. Les aréoles sont feutrées et portent 6 à 12 aiguillons. Les fleurs rouge carmin s'épanouissent en juin. La racine est napiforme (en forme de navet).

Submatucana

Étymologie : proche du genre *Matucana* (voir ce nom).

▸ *SUBMATUCANA RITTERI*

– **Étymologie :** espèce dédiée à Friedrich Ritter (1898-1989), botaniste allemand qui découvrit de nombreuses espèces nouvelles en Amérique du Sud.
– **Caractéristiques :** tandis que chez le genre *Matucana*, le tube floral est poilu, il est glabre chez *Submatucana*. *Submatacuna ritteri*, synonyme *Borzycactus ritteri*, *Matucane ritteri*.
– **Origine naturelle :** au Pérou, région d'Otuzco dans le département de la Libertad, vers 2 500 m d'altitude.
– **Culture :** bien que cette plante sot originaire de régions d'altitude il convient, pour avoir de beaux exemplaires, de leur faire bénéficier d'une température supérieure à 10 °C en hiver. Pendant toute la période de repos, maintenir la terre sèche mais cette espèces est parmi celles qui dans la nature, bénéficient de l'humidité atmosphérique venue de l'Océan Pacifique. En période de végétation, mouiller la terre mais le moins possible la plante en procédant à l'arrosage. On peut apporter de la lave concassée ou de la pouzzolane dans le mélange pour Cactées.

Sulcorebutia

Étymologie : du latin *sulcus*, sillon, ride.

▸ *SULCOREBUTIA STEINBACHII*

– **Caractéristiques :** espèce très polymorphe, formant des groupes de plantes globulaires de 25 à 50 mm de haut et 50 à 60 mm de diamètre ; apex déprimé. Environ 13 côtes plus ou moins nettement spiralées, à tubercules rhomboïdes marqués par une rainure. Aréoles allongées portant 9 à 13 aiguillons de 15 à 20 mm de long, fins et aigus sur certaines plantes, vigoureux sur d'autres. Les aréoles donnent naissance à une seule fleur, d'abord situées au sommet de la plante puis latéralement, de couleur variant de l'orange au rouge, jaunes sur certains sujets, en mai ou juin. Tube floral écailleux. Il en existe plusieurs sous-espèces et variétés.

▲ *Sulcorebutia steinbachii.*

– **Origine naturelle :** régions orientale et septentrionale de la Cordillère de Cochabamba en Bolivie, dans des zones rocheuses très arides entre 3 000 et 4 000 m d'altitude.

– **Culture :** espèce supportant le froid hivernal, même vers 0 °C, si la terre et l'atmosphère sont maintenus très secs pendant plusieurs mois. Mélange standard mais enrichi en éléments minéraux, sable et graviers. Arrosages parcimonieux, sauf pendant les périodes de grande chaleur et d'intense ensoleillement.

▼ *Trichocereus chilensis.*

Trichocereus

Étymologie : du grec *trichos*, poil : le tube floral est garni de pilosités. Plantes généralement colonnaires, dressées ou prostrées, solitaires ou en touffes. Tiges à côtes nombreuses ; aréoles à nombreux aiguillons. Fleurs diurnes (section *Helianthocereus*) ou bien nocturnes, à disposition apicale ou latérale, grandes. On admet aujourd'hui environ 50 espèces originaires de régions d'altitude en Amérique du Sud, certaines jusqu'à 4 000 m. Certains taxons produisent des alcaloïdes.

▲ *Trichocereus crassicaulis.*

▸ TRICHOCEREUS CHILENSIS,
SYN. *TRICHOCEREUS CHILOENSIS*

– **Étymologie :** espèce originaire du Chili.
– **Caractéristiques :** tige atteignant 5-6 m dans la nature, moitié moins en culture. Aiguillons gris clair, nombreux et raides, très aigus ; certains mesurent plus de 5 cm. Grandes fleurs à segments externes verdâtres, ceux internes blancs, nocturnes.
– **Origine naturelle :** cette espèce n'est pas originaire de l'île chilienne de Chiloe (aucune Cactacée n'y prospère naturellement), mais des provinces de Talca et de Coquimbo.
– **Culture :** en serre froide, en pot ou en pleine terre, dans un mélange perméable. Maintenir à plus de 5 °C, observer un repos hivernal. Espèce magnifique mais difficile à manipuler.

▸ TRICHOCEREUS CRASSICAULIS,
SYN. : *HELIANTHOCEREUS CRASSICAULIS*

– **Étymologie :** allusion au caractère crassulescent de la tige.
– **Caractéristiques :** tige d'abord globulaire, s'allongeant ensuite pour atteindre 20-25 cm de haut. Aiguillons blancs rigides. Floraison latérale, diurne. Fleurs rouge intense.
– **Origine naturelle :** province de Catamarca en Argentine.
– **Culture :** idem espèce précédente.

▸ AUTRES ESPÈCES UTILES

Diverses espèces à développement important :
– *T. terscheckii* en Argentine, est connu dans son pays sous

▾ *T. huascha*, syn. *Helianthocereus huascha*, est une autre espèce fréquemment rencontrée en culture, à la fois érigée et prostrée, originaire de la région de Catamarca.

le nom de *cardon*. Son squelette ligneux sert de matériau de construction ou à travailler (menuiserie, objets artisanaux). Il est parfois utilisé comme fourrage.

– ***T. pachanoi*** en Équateur et au Pérou est recherché pour sa richesse en alcaloïdes hallucinogènes.

– ***T. pasacana*** en Argentine et en Bolivie fournit des « aiguilles » à coudre. Plusieurs espèces, dont *T. pasacana*, produisent des fruits appréciés pour la consommation.

▲ *Trichocereus schickendantzii.*

▼ *Trichocereus pachanoi* 'Cristata'.

▸ *AUTRES ESPÈCES SOUVENT RENCONTRÉES EN CULTURE :*

– ***T. schickendantzii***, syn. *Echinopsis schickendantzii*, du Nord-Ouest de l'Argentine, région de Tucuman, à fleurs blanches produisant des fruits comestibles.

– ***T. spachianus***, de l'ouest argentin, qui atteint 2 m de haut, produisant de grandes fleurs blanches nocturnes mais se prolongeant souvent le matin suivant. Ses rejets constituent des porte-greffes vigoureux.

▲ *Uebelmannia pectinifera.*

Uebelmannia

Étymologie: genre créé en 1967 par le botaniste hollandais Buining en l'honneur de W. Uebelmann, horticulteur suisse. Il comprend 5 espèces globulaires à cylindriques, à côtes étroites ou bien élargies par des tubercules. Ces espèces sont parfois rangées au sein du genre *Parodia* dont elles sont très proches.

▸ ***UEBELMANNIA PECTINIFERA***

– **Étymologie:** allusion à la disposition pectinée des aiguillons.
– **Caractéristiques:** aréoles laineuses réparties sur 15 à 20 côtes aiguës. On a pu voir dans la nature un sujet qui, après avoir été globulaire, avait atteint 80 cm de haut et 17 cm de diamètre. Fleurs jaunes, petites, en été.
– **Origine naturelle:** Minas Gerais, au Sud du Brésil.
– **Culture:** cette espèce très fragile doit être cultivée en serre tempérée très lumineuse, protégée du grand soleil en été. Utiliser obligatoirement un substrat acide (tourbe, sable et gravier) très perméable. En hiver, maintenir 12°-15 °C minimum ainsi qu'un peu d'humidité, et éviter surtout toute stagnation de l'eau. Protéger le collet avec du gravier pur. Il est conseillé de greffer les espèces appartenant à ce groupe.

Weingartia

Étymologie: honore Wilhelm Weingart, amateur éclairé de Cactées du début du XXe siècle. Genre parfois inclus parmi les *Gymnocalycium*. Plantes globulaires pouvant devenir cylindriques avec l'âge, à côtes mamelonnées. Aréoles portant des aiguillons nombreux. On en connaît 25 espèces originaires de Bolivie.

▸ ***WEINGARTIA CUMMINGII,*** SYN. *WEINGARTIA NEOCUMINGII*

– **Étymologie:** espèce dédiée à Hugh Cuming, collectionneur.
– **Caractéristiques:** d'abord subsphérique, atteint ensuite 20-25 cm de haut. Côtes formant une série de mamelons portant des aréoles laineuses blanches. Aiguillons nombreux, rigides de moyenne longueur. Fleurs diurnes orange clair, jaunes à leur base, au sommet de la plante, au printemps et en été.
– **Origine naturelle:** région de Florida en Bolivie.
– **Culture:** plante de serre froide à cultiver dans un mélange contenant de l'humus bien décomposé. C'est une espèce de milieux très secs, redoutant l'humidité hivernale.

▸ *Weingartia cummingii* se multiplie par semis et bouturage.

Cactoideae

Groupe V : Cactées globulaires d'Amérique du Nord

En majorité mexicaines, les espèces de ce groupe appartiennent à une flore très diversifiée que l'on rencontre surtout sur les plateaux arides élevés ou sur des collines ainsi que dans les vallées dites barrancas.

Ariocarpus

Syn. : *Roseocactus, Neogomesia*

Étymologie : du grec *aria*, sorbier et *carpos*, fruit.
Ces plantes se différencient de celles appartenant aux autres genres parmi les Cactées, par leur morphologie. Les 6 espèces connues, mexicaines, sont constituées d'une souche aplatie émergeant à peine du sol, formant une rosette constituée de tubercules étirés, triangulaires, ressemblant à des feuilles hautement succulentes totalement dépourvues d'aiguillons. La racine accumule des réserves et ressemble à un navet allongé. Fleurs diurnes de 2 à 4 cm de diamètre, blanc jaunâtre ou purpurines, émergeant du centre de la rosette à partir d'aréoles laineuses. Bien que protégées, certaines espèces sont en voie de disparition parce que recherchées par les Indiens pour leurs vertus hallucinogènes (au même titre que les *Lophophora* ou « peyotl »); ainsi en est-il pour *Ariocarpus retusus*, le « chautle » utilisé par les Indiens Huichols.

◂ Floraison caractéristique des mammillaires (*Mammillaria hohmoiana*).

▸ ***ARIOCARPUS FURFURACEUS***

– **Étymologie :** de *furfuraceus*, recouvert d'une fine poussière blanchâtre.
– **Caractéristiques :** tubercules en rosette aplatie. Fleurs blanches ou rose clair.
– **Origine naturelle :** Mexique (Coahuila).
– **Culture :** les espèces citées ont à peu près toutes les mêmes exigences. Seuls les éleveurs expérimentés réussissent à les multiplier et à les conserver pendant un grand nombre d'années. Sous les climats tempérés, l'humidité ambiante, souterraine et atmosphérique leur est souvent fatale. En outre, la croissance des *Ariocarpus* est très lente. On peut voir dans les collections spécialisées des sujets âgés d'un demi-siècle, dont la taille est pourtant modeste. Même en été les arrosages doivent être parcimonieux, inexistants en hiver. Ce sont des espèces à maintenir en serre tempérée, ou en tout cas au-dessus de 10 °C. Aérer régulièrement, surtout pendant les heures ensoleillées. Multiplication par semis en serre chaude au printemps.

▾ *Ariocarpus furfuraceus.*

▲ *Ariocarpus retusus*, dans son milieu naturel, se confond totalement avec son environnement.

▶ ***ARIOCARPUS RETUSUS***

– **Étymologie :** *retusus* évoque l'aspect tronqué des tubercules.

– **Caractéristiques :** en rosette aplatie. Dans la nature, les plantes se confondent souvent avec la terre calcaire et les pierres. Atteint 25 cm de diamètre chez les sujets âgés. Fleurs blanches ou rose pâle, de 4 à 5 cm de diamètre, en automne.

– **Origine naturelle :** états du Nuovo Leon et San Luis Potosi.

– **Culture :** idem espèce précédente.

Aztekium

Étymologie : la plante, par son aspect, évoque certaines sculptures aztèques.

A. RITTERI, SYN. : *ECHINOCEREUS RITTERI*

– **Étymologie :** cette seule espèce représentant le genre est dédiée à Friedrich Ritter (1898-1989), botaniste allemand ayant pendant longtemps exploré l'Amérique du Sud à la recherche des Cactées. Il a été auteur d'un important ouvrage, *Kakteen in Südamerica.*

– **Caractéristiques :** plante globuleuse aplatie à 8-11 côtes, de couleur vert olive, froncées transversalement. Apex laineux au centre duquel se forment des fleurs blanches ou rose clair. La plante produit souvent des rejets se développant à sa base. Les aréoles sont feutrées et portent quelques aiguillons caducs.

▼ *Aztekium ritteri.*

– **Origine naturelle :** Mexique, dans l'état du Nuevo Leon, sur des parois rocheuses surtout constituées de schistes, souvent aussi dans des ravins. Racines napiformes.

– **Culture :** plante dont la croissance est très lente ; les exemplaires bien développés, 5 cm environ, sont la fierté des collectionneurs qui les possèdent car il faut de la patience pour les obtenir. Cette espèce se plaît dans une serre dont l'atmosphère est maintenue sèche aussi souvent que possible, à la fois très lumineuse mais pas trop ensoleillée surtout lorsque les plantes sont encore jeunes. Le mélange de terre doit être sain, très pauvre en matière organique, surtout constitué de gravier ou de pouzzolane (30 à 40 %). Le semis étant difficile à réussir, on peut se procurer cette plante chez certains horticulteurs qui la greffent sur *Echinopsis*.

Blossfeldia

Étymologie : genre dédié à Harry Blossfeld (1913-1987), botaniste allemand ayant exploré parmi biotopes à Cactacées en Amérique du Sud ; il découvrit ce genre sur une pente rocheuse non ensoleillée dans les Andes. Genre restrcint à un très petit nombre d'espèces.

B. LILIPUTANA, SYN. *PARODIA LILIPUTANA*

– **Caractéristiques :** Cette plante intéresse les collectionneurs en raison de ses particularités qui en font une espèce sur bien des points différente de toutes les autres Cactacées. C'est la plus petite de tous les représentants de la famille, ne mesurant guère plus de 10 à 12 mm de diamètre. Dépourvue de côtes, cette espèce ne développe pas non plus d'aiguillons. Ses fleurs sont blanches ou parfois jaune clair, de 8 à 10 mm de diamètre se produisent en mai ou en été. Dans la nature, les racines napiformes sont le plus souvent incrustées dans la roche.

– **Origine naturelle :** dans le Nord-Est des Andes, entre 1 300 et 3 500 m d'altitude en Argentine et en Bolivie.

– **Culture :** il faut bien retenir que, contrairement à la majorité des Cactées, *Blossfeldia* se cultive dans un endroit, sinon ombré, tout au moins là où ne diffuse qu'une lumière tamisée. Dans la nature, on a pu le trouver dans des murailles rocheuses presque verticales où la plante se développe dans des fissures recevant parfois de l'eau de ruissellements pendant une partie de l'année. Mais en culture, tout excès d'arrosage peut lui être fatal. Néanmoins, des amateurs peuvent fort bien la cultiver, par exemple dans une serre tempérée ou froide mais maintenue à une température de 7 °C à 8 °C minimum en hiver. Vue sa fragilité, certains horticulteurs la greffent sur des *Cereus*, ce qui permet d'avoir des plantes plus robustes. Mélange de terre comme pour les autres Cactées mais dépourvu de calcaire. Arroser, modérément au moment de la floraison et pendant la période estivale. Maintenir un peu d'humidité dans la terre en hiver.

▼ *Blossfeldia liliputana* greffée sur *Cereus*.

Denmoza

Étymologie : anagramme de Mendoza.

DENMOZA ERYTHROCEPHALA, SYN. *D. RHODACANTHA ; ECHINPOPSIS RHODACANTHA ; ECHINOCACTUS RHODACANTHUS ; CLEISTOCACTUS RHODACANTHUS*

– **Caractéristiques :** c'est une espèce globulaire, solitaire, mais dont la forme varie avec l'âge, pouvant s'allonger jusqu'à 1,5 m de hauteur pour 20 à 30 cm de diamètre. Son nom spécifique fait allusion à la couleur des fleurs et des épines mais la variabilité de l'espèce a conduit certains botanistes à faire de *D. erythrocephala* et *D. rhodacantha* deux espèces différentes. On peut compter jusqu'à 30 côtes arrondies, séparées par une cannelure. Les aréoles portent de nombreux aiguillons. Fleurs rouges plus ou moins tubulées, atteignant 7 à 8 cm de long. Floraison en début d'été.
– **Origine naturelle :** genre endémique de l'Argentine ; régions de Catamarca, Mendoza, Salta.
– **Culture :** dans un mélange classique pour Cactées, en situation lumineuse et bien ventilée.
– **Autre espèce :** *Denmoza rhodantha*, donc assez voisine de la précédente mais c'est une espèce plus petite dont les côtes sont séparées par des cannelures plus profondes et des aréoles plus blanches et laineuses.

▾ À gauche, *Denmoza erythrocephala* ; à droite, *Denmoza rhodantha.*

Echinocactus

Syn.: Homalocephala

Étymologie : de *echinos*, hérisson (aspect hérissé de la plante). Plantes à tige unique sphérique, devenant cylindrique beaucoup plus tard. Côtes nombreuses avec des aréoles disposées régulièrement. Les fleurs se forment à l'apex plat et laineux. On retient aujourd'hui 6 espèces. Ce sont des plantes très décoratives très commercialisées. On trouve au Mexique des desserts, les *dulce de visnagas*, qui sont des confits préparés avec de la pulpe d'*E. grusonii* et de *E. platyacanthus*.

▸ *ECHINOCACTUS GRUSONII*, « COUSSIN DE BELLE-MÈRE »

– **Étymologie :** dédiée à Hermann Gruson, cactophile allemand.
– **Caractéristiques :** espèce globulaire fortement armée d'aiguillons, d'où son nom de « coussin de belle-mère ». 15 à 30 côtes ponctuées d'aréoles feutrées, blanches, développant chacune 8 à 10 aiguillons blanc ivoire de 2 à 5 cm de long. Croissance lente mais on rencontre dans la nature des individus très âgés, monumentaux, formant des colonnes atteignant 2 m de hauteur et 60-75 cm de diamètre. Fleurs jaunes diurnes en été, mesurant 3-4 cm de diamètre.
– **Origine naturelle :** états de Mexico, d'Hidalgo et de San Luis Potosi au Mexique.
– **Culture :** en serre froide dans un mélange ordinaire pour Cactées. On peut voir parfois des sujets d'*E. grusonii* cultivés en plein air dans certains secteurs très abrités de la côte méditerranéenne. *E. horizontalonius* et *E. texensis* sont plus fragiles et redoutent surtout l'humidité hivernale. Les espèces délicates peuvent être greffées. Multiplication par semis en serre chaude.

▸ *AUTRES ESPÈCES*

– *Echinocactus ingens* atteint jusqu'à 1,5 m de haut et 1,25 m de diamètre. Côtes un peu sinueuses par rapport *E. grusonii*. Aiguillons jaunes 2 à 8 cm de long. Du Mexique.
– *Echinocactus horizontalonius*, le *bisnagas* du Mexique ; 10-20 cm de diamètre, à aiguillons très puissants et annelés ; belles fleurs rose pâle.

▾ *Echinocactus horizontalonius.*

– *E. platyacanthus*, autre *bisnagas* du Mexique à fleurs jaunes, de dimensions moyennes.
– *E. texensis*, syn. *Homalocephala texensis*, 20-30 cm de diamètre, à fleurs rouge clair, du Texas et du Mexique.

▲ *Echinocactus texensis.*

Echinofossulocactus

Étymologie : de *echinos*, hérisson et *fossula*, petite fosse, allusion à la forme des côtes creusées de sillons profonds.
Plantes globulaires ou subglobulaires, parfois en cylindre court, de moins de 15 cm de diamètre, solitaires ou en groupes. Quinze à 100 côtes plus ou moins ondulées. Aiguillons variables. Environ 30 espèces, mexicaines.

▶ *ECHINOFOSSULOCACTUS ZACATECASENSIS*

– **Étymologie :** originaire de Zacatecas au Mexique.
– **Caractéristiques :** 12-15 cm de diamètre, très nombreuses côtes ondulées serrées et aiguës. Aiguillons plats, très rigides, 2-4 cm. Fleurs blanchâtres lavées de rose ou de jaune, au printemps.
– **Culture :** en serre froide, supporte d'approcher les 0 °C si le milieu est très sec. Multiplication par semis au printemps.

◀ Les *Echinocactus grusonii* du Jardin Exotique de Monaco sont des sujets centenaires.

▼ *Echinofossulocactus zacatensis.*

▲ À gauche, *Echinomastus unguispinus*; à droite, *Echinomastus macdowellii.*

Echinomastus

Étymologie : de *echinos*, hérisson et *mastos*, mamelle.

▶ *ECHINOMASTUS UNGUISPINUS*

– **Étymologie :** de *unguis*, griffe, les aiguillons centraux ayant la forme d'une griffe.
– **Caractéristiques :** 7-8 cm de diam. et 10 cm de haut, à grandes aréoles laineuses avec parfois plus de 30 aiguillons.
– **Floraison :** estivale. Segments jaune variable, plus ou moins lavé de brun clair ou de rose.
– **Origine naturelle :** régions de Zacatecas et de Chihuahua au Mexique.
– **Culture :** en serre froide et sur substrat perméable mais la plante est délicate. Saison de repos très sèche indispensable car cette espèce est très sujette à la pourriture. Greffage conseillé.

▶ *AUTRES ESPÈCES*

– ***E. macdowellii***, du Nuovo Leon, à fleurs roses.

Encephalocarpus

Étymologie : du grec *en*, dans ; *kephale*, tête et *karpos*, fruit.

ENCEPHALOCARPUS STROBILIFORMIS,
SYN. *ARIOCARPUS STROBILIFORMIS*

– **Étymologie :** qui ressemble à un strobile (cône, de conifère).
– **Caractéristiques :** plante en partie enterrée, 2 à 4 cm hors du sol et 4 à 6 cm de diamètre, solitaire ou multiple, sphérique plus ou moins

déprimée, ayant l'apparence d'un fruit couvert d'écailles étroitement imbriquées les unes sur les autres, vertes ou vert jaunâtres. Ces écailles sont plates ou un peu convexes notamment au niveau de la partie enterrée, carénées sur la partie la plus visible de la plante. Les aréoles et leurs aiguillons sont également de deux sortes, celles inférieures petites et laineuses, les autres pectinées à l'extrémité des écailles les plus développées. Les fleurs sont diurnes et prennent naissance à l'apex; elles sont simples ou bien multiples, en forme d'entonnoir, rose clair ou pourpre rosé.

▲ *Encephalocarpus strobiliformis.*

– **Origine naturelle :** Mexique, désert de Chihuihua, Nouveau Leon, région de San Luis Potosi.

– **Culture :** en serre froide mais ensoleillée et très bien ventilée ; mélange standard. Cette plante supporte le gel si nulle humidité résiduelle ne persiste à l'entrée de l'hiver.

Epithelantha

Étymologie : nom issu du grec, *epi*, au dessus ; *thele*, tubercule, mamelon et *anthos*, fleur, car la fleur se développe à la partie supérieure d'un mamelon.

▼ *Epithelantha micromeris.*

E. MICROMERIS,
SYN. *MAMMILARIA MICROMERIS*

– **Caractéristiques :** plante globulaire de 3 à 6 cm de diamètre, solitaire ou bien formant des groupes, complètement recouverte de rangées denses, disposées en spirales, de minuscules tubercules très proches les uns des autres, densément armés de petits aiguillons blanchâtres de 1 à 2 mm de longueur. C'est une plante ravissante donnant naissance en mai-juin, aux heures les plus lumineuses, à des fleurs blanches ou roses de 1 cm de diamètre environ. Ce genre se différencie des *Mammilaria*, dont les fleurs ne sont pas disposées au sommet de la plante mais en couronnes concentriques.

– **Origine naturelle :** au Mexique, dans le Nouveau Leon, région de Coahuila sur des substrats très

calcaires, plus ou moins fissurés. Ces petites plantes grisâtres se confondent avec la roche en dehors de la période de floraison. On trouve dans la nature plusieurs formes différant les unes des autres, surtout par la forme des mamelons et la disposition des aiguillons.
– **Culture :** ces plantes doivent bénéficier d'une température élevée et d'un sol sec pendant la plus grande partie de l'année. Il convient donc de maintenir une température proche de 10 °C en hiver, avec un sol et une atmosphère aussi secs que possible. Le mélange de culture doit être pauvre en humus et il est recommandé d'apporter une certaine proportion de terre calcaire. Le greffage est possible, par exemple sur des *Eriocereus*, mais il n'est pas indispensable pour maintenir la plante dans de bonnes conditions.

Escobaria

Étymologie : honore la mémoire des frères Romulo et Numa Escobar, agronomes mexicains au XIXe siècle.

ESCOBARIA RIGIDA, SYN. *ESCOBARIA LAREDOI*

▾ *Escobaria rigida,* syn. *Escobaria laredoi.*

– **Caractéristiques :** plante globulaire, plus ou moins cylindrique et pouvant se ramifier chez les sujets âgés, 4 à 5 cm de diamètre. Tubercules ascendants 10 à 12 mm, marqués par un sillon laineux à leur base. Aiguillons fins, blancs, très aigus et coupants, 10 à 12 mm de long. Fleurs à pétales externes rose lavé de brun, rouges dans la partie centrale, en début d'été.
– **Origine naturelle :** région Sud-Ouest de Coahuila au Mexique, dans la forêt sèche ouverte sur sols riches en carbonates.
– **Culture :** espèce un peu fragile à maintenir au-dessus de 5 °C. en hiver et à protéger de l'humidité en aérant le local de culture quand le temps est sec ; même mélange que pour Coryphantha mais on aura intérêt à protéger la base de la plante en disposant en surface un lit de petites pierres ou de gros graviers. Exposition très ensoleillée mais il faut protéger des coups de soleil lors des arrosages donnés largement de la mi-mai à août.

Ferocactus

Syn. : Hamatocactus

Étymologie : du latin *ferus*, féroce, allusion à l'aspect des aiguillons robustes et acérés développé par diverses espèces.
Plantes globulaires ou colonnaires, souvent regroupées. Les aréoles développent des glandes à nectar et les aiguillons très remarqués peuvent présenter des aspects divers chez une même espèce ; lorsqu'ils sont crochus, ils sont parfois utilisés comme hameçons. Fleurs se produisant à proximité de l'apex, campanulées, assez grandes, à segments séparés des étamines par un anneau chevelu. On admet actuellement 25 espèces originaires du Mexique et du Sud-Ouest des USA, rencontrées entre le niveau de la mer et 3000 m d'altitude.

▲ *Ferocactus acanthodes.*

FEROCACTUS ACANTHODES,
SYN. *FEROCACTUS CYLINDRACEUS*

– **Étymologie :** *acanthodes*, souligne son caractère épineux.
– **Caractéristiques :** subglobulaire puis colonnaire, solitaire atteignant 2,5 à 3 m de haut. En grande partie dissimulé par les aiguillons rougeâtres, inclinés, de 2 à 4 cm de long, accompagnés d'un aiguillon central droit atteignant 12 cm. Fleurs jaune orange, diurnes et estivales.
– **Origine naturelle :** Californie, Nevada, Arizona et Baja de Basse-Californie au Mexique.
– **Culture :** *F. acanthodes*, ainsi que tous les *Ferocactus* cités ci-dessous, sont des plantes de serre froide à maintenir en hiver à 5 °C mini. Repos hivernal bien marqué. Multiplication en serre chaude, au printemps. Exposition très ensoleillée.

▼ *Ferocactus echidne.*

FEROCACTUS ECHIDNE

– **Étymologie :** allusion à sa ressemblance avec un échidné, petit mammifère australien rappelant le hérisson.
– **Caractéristiques :** environ 20 cm de diamètre, aiguillons minces, jaune grisâtre. Fleurs jaunes diurnes et estivales.

– **Origine naturelle :** état d'Hidalgo au Mexique.
– **Culture :** idem espèce précédente.

▲ *Ferocactus robustus.*

FEROCACTUS ROBUSTUS

– **Étymologie :** en rapport avec la robustesse de l'espèce.
– **Caractéristiques :** 10 à 20 cm de diamètre. Constitue de magnifiques touffes dans la nature et parfois en culture chez les sujets âgés. Fleurs jaune à orangé, en été.
– **Origine naturelle :** états de Tehuacan et de Puebla au Mexique.
– **Culture :** idem espèces précédentes.

▲ *Ferocactus glaucescens.*

FEROCACTUS GLAUCESCENS

– **Étymologie :** allusion à la couleur de l'épiderme.
– **Caractéristiques :** 40-50 cm de diamètre, à côtes de couleur glauque. Fleurs jaune clair, en été, de 2 à 3 cm de diamètre.
– **Origine naturelle :** Mexique central et oriental.
– **Culture :** idem espèces précédentes.

AUTRES ESPÈCES

– *Ferocactus hamatacanthus*, à floraison tardive, originaire du Texas et du Nouveau-Mexique.
– *F. emoroy* du désert de Sonora au Mexique et de l'Arizona, à fleurs rouge orangé.
– *E. fordii*, de l'état de Baja au Mexique, à fleurs roses.
– *F. latispinus*, certains aiguillons aplatis sont crochus, très décoratifs ; plante originaire du centre du Mexique.

◄ *Ferocactus emoroy.*

– *F. stainesii*, à aiguillons rougeâtres, dont certains sujets pluricentenaires atteignent 3 m de haut et 60 cm de diamètre dans l'état de San Luis Potosi (voir photo ci-dessus et p. 2).

▲ *Ferocactus stainesii*, dans la nature : ce sujet pourrait être âgé de 600 ans.

Leuchtenbergia

Étymologie : genre ne comprenant qu'une seule espèce, dédiée à Eugène de Beauharnais, duc de Leuchtenberg, prince d'Eichstadt. Plante très menacée de disparition dans la nature, et officiellement protégée, comme du reste beaucoup de Cactées. Très appréciée par les cactophiles, sa culture contribue à sa sauvegarde.

LEUCHTENBERGIA PRINCIPIS

– **Étymologie :** allusion au titre princier du dédicataire.
– **Caractéristiques :** constitue une touffe de mamelons très allongés, en forme de prismes, d'où le nom de « cactus à prismes » parfois donné. Ils prennent naissance à partir d'une tige courte, elle-même issue d'une racine riche en réserves. Ces mamelons développent à leur extrémité 8 à 14 aiguillons papyracés. Très belles fleurs jaunes émergeant du centre, le jour en été.
– **Origine :** plateaux calcaires dans l'état de Chihuahua.

▲ *Leuchtenbergia principis.*

– **Culture :** en serre froide maintenue à 6-8 °C min. Milieu très sec en hiver, additionné de calcaire. Aérer pendant les heures ensoleillées. Le semis se pratique à partir de graines préalablement trempées 24 heures dans l'eau tiède. On peut réussir à greffer des mamelons.

Lophophora

Étymologie : de *lophos*, touffe en grec et *phorein*, porter, en rapport avec la morphologie de la plante.
On admet actuellement pour ce genre 2 espèces et sans doute quelques variétés désignées « peyotl », connues pour leurs propriétés hallucinogènes. Elles ne se différencient l'une de l'autre que par des caractères mineurs.

▾ *Lophophora williamsii*, le fameux peyotl hallucinogène, dans la nature et en culture.

LOPHOPHORA WILLIAMSII, PEYOTL SYN. *ECHINOCACTUS WILLIAMSII*

– **Étymologie :** dédiée à C. H. Williams, collectionneur anglais.
– **Caractéristiques :** 8-10 cm de diamètre, peut constituer des groupes d'organes succulents émergeant à quelques centimètres au-dessus du sol. Plantes inermes (sans aiguillons). Aréoles feutrées portant un petit toupet laineux. Fleurs diurnes rose clair, au printemps.
– **Origine naturelle :** Nord du Mexique, Texas.
– **Culture :** plante de serre froide à préserver de l'humidité hivernale et à maintenir au-dessus de 5 °C. Semis au printemps en serre chaude. Le greffage permet d'accélérer la croissance. Exposition très ensoleillée.
– **Utilisations :** propriétés hallucinogènes générant des visions colorées dues à plusieurs alcaloïdes, dont la mescaline, ce qui a valu au peyotl le nom de « plante qui fait les yeux émerveillés ». *L. williamsii* surtout est utilisé par les Indiens Huichols et Tepehuanes du Mexique ; c'est une espèce sacrée utilisée notamment au cours de rituels religieux.

Mammillaria

Syn. : Dolichotele, Mamillopsis

Étymologie : de *mamilla*, mamelle, allusion à la forme des organes végétatifs développés par ces plantes et qui sont des mamelons ou tubercules. Genre très hétérogène, complexe, pour lequel on admet 250 espèces mais un bien plus grand nombre a été décrit. Végétaux globulaires ou cylindriques, solitaires ou regroupés. Fleurs diurnes, petites, disposées souvent en séries à divers niveaux. Fruits rouges attrayants, assez fréquemment consommés par les populations locales.

MAMMILLARIA FRAILEANA

– **Étymologie :** espèce dédiée à Manuel Fraile, qui au XIXe siècle, fit autorité dans le domaine de l'agriculture aux USA.
– **Caractéristiques :** d'abord globulaire, il s'allonge pour atteindre 12-15 cm de haut. Fleurs rose pâle, au printemps.
– **Origine naturelle :** petites îles de Cerralbo et Santa Catarina, au large de la Basse-Californie.
– **Culture :** plante frileuse à cultiver en serre tempérée, avec un sol sec et néanmoins un peu d'humidité atmosphérique en hiver. Multiplication facile par prélèvement de rejets.

▲▼ *Mammillaria fraileana,* ci-dessus fleur, ci-dessous fruits.

▲ *Mammillaria gracilis.*

MAMMILLARIA GRACILIS, SYN. : *MAMMILARIA FRAGILIS ; M. GRACILIS VAR. FRAGILIS*

– **Étymologie :** nom commun en Amérique, *Thimble cactus*, le « dé à coudre ».

– **Caractéristiques :** plante prolifère formant des petites touffes de tiges allongées de 8 à 12 cm de long et 2 à 4 cm de diamètre, portant 15 à 20 aiguillons 1 cm de long environ, recouvrant en grande partie la plante et dont la couleur peut varier, selon les formes naturelles, du blanc au brun foncé. Fleurs de 1,5 cm, blanc jaunâtre à jaune citron, de fin avril à mai. Espèce très variable, à l'origine de cultivars divers, tel 'Arizona Snowcap' de couleur blanc éclatant.

– **Origine naturelle :** centre du Mexique, États d'Hidalgo et Queretaro.

– **Culture :** les petites tiges succulentes se détachent très facilement et constituent des boutures prêtes à s'enraciner. Mélange standard pour Cactées. Hiverner à 5 °C. minimum, au sec. Arrosages modérés mais réguliers pendant les mois d'été. Plante de lumière mais à mettre à l'abri d'un trop fort ensoleillement en été.

MAMMILLARIA PECTINATA,
SYN. *SOLISIA PECTINATA*

– **Étymologie :** les aiguillons sont pectinés.

– **Caractéristiques :** 10 à 15 cm de diamètre, souvent solitaire mais parfois ramifié. Aréoles recouvrant presque toute la surface de la

▼ *Mammillaria pectinata.*

plante, avec leurs 25 à 30 petits aiguillons blancs, fins, qui rendent la plante très décorative. Fleurs petites, rose intense.

– **Origine naturelle :** états du Queretaro et d'Oaxaca au Mexique.

– **Culture :** en serre froide, assez facile si le milieu est sain, maintenu très sec en hiver.

MAMMILLARIA MAGNIMAMMA,
SYN. *M. CENTRICIRRHA*

– **Étymologie :** à mamelons bien développés.

– **Caractéristiques :** 10-12 cm de diamètre formant des groupes. Les mamelons développent 3 à 6 aiguillons courbes de 2 à 5 cm de long. Espèce très variable. Floraison à différents niveaux, couleur variant du jaune au pourpre.

– **Origine naturelle :** centre du Mexique.

– **Culture :** résiste au gel mais à maintenir à l'abri car cette espèce ne supporte pas gel et humidité conjugués. Observer un repos hivernal strict.

▲ *Mammillaria magnimamma.* C'est la "pelote à épingles" mexicaine, la Mexican Pincushion. Ses aiguillons en forme d'hameçon constituent un piège pour les petits lézards qui s'y aventurent.

▲ *Mammillaria bocasana*, dans son milieu naturel, inséré dans une fissure de la pierre.

MAMMILLARIA THERESAE

– **Étymologie :** dédiée à Theresa Bock qui la découvrit en 1966, à 2 200 m d'altitude dans l'état de Durango au Mexique.

– **Caractéristiques :** 6-8 cm de haut et 2 cm de diam. Mamelons alignés très régulièrement, portant des aréoles faites de nombreux petits aiguillons. Fleurs rose foncé au printemps.

– **Culture :** assez délicate car cette espèce ne supporte absolument pas l'humidité résiduelle ou même ambiante. Hiverner en serre tempérée ou, en tout cas, au-dessus de 10 °C. Le greffage permet de mieux conserver la plante.

AUTRES ESPÈCES

– ***Mammillaria bocasana***, espèce robuste de la Sierra de Bocas, état de San Luis Potosi ; 5 cm de diamètre max., fleurs jaunes.

– ***M. gueldemanniana***, de l'état de Sonora au Mexique, 10 cm de haut, cylindrique à petites fleurs blanches.

– ***M. prolifera***, syn. *M. multiceps*, à nombreuses petites tiges 2-4 cm de diamètre et 6 cm de long, à fleurs crème ; espèce très répandue mais frileuse, originaire du Mexique, du Sud des USA et des Grandes Antilles.

– ***M. viperina*** à petites tiges allongées et fleurs rouge carmin ; espèce des terres très arides et pulvérulentes de l'état de Tamaulipas au Mexique.

◂ *Mammillaria theresae* (avec un pied de *Kalanchoe* poussant en épiphyte sur sa tige).

Roseocactus

Étymologie : se rapporte à la forme de la plante.

ROSEOCACTUS FISSURATUS,
SYN. *ANHALONIUM ENGELMANII, ARIOCARPUS FISSURATUS*

– **Étymologie :** le nom spécifique évoque l'aspect superficiel de cette espèce.
– **Caractéristiques :** Cette plante qui dans la nature émerge à peine du sol, présente à sa surface des mamelons ou tubercules triangulaires de couleur gris-vert, ridés, profondément striés, et des aréoles laineuses. Il n'y a pas d'aiguillons. De sa partie centrale émergent, généralement en fin d'été, des fleurs rose clair ou blanches, diurnes, de 3 à 5 cm de diamètre. La racine est napiforme. Cette plante produit des alcaloïdes et autres substances toxiques qui semblent la mettre à l'abri du broutage par les herbivores.
– **Origine naturelle :** désert de Chihuahua au Mexique et au Texas.
– **Culture :** plante à maintenir à exposition très ensoleillée, sauf lorsque les plantes sont très jeunes. Cette espèce ne supporte pas l'humidité résiduelle, en hiver surtout. Éliminer toutes les traces de détritus organiques. Utiliser un mélange pour Cactées, riche en graviers — jusqu'à 50 % — et en calcaire. Arroser seulement en période de croissance et lorsque la température est suffisamment élevée à la belle saison. La plante ne formant pas de rejets, on ne peut la multiplier que par semis maintenus à température régulière. Certains pépiniéristes procèdent au greffage sur *Eriocereus jusbertii*, ce qui favorise la croissance mais les plantes perdent en partie leur aspect caractéristique de « végétaux du désert ».

▼ *Roseocactus fissuratus.*

Maladies, parasites et traitements

La législation relative aux produits de traitement est en perpétuel remaniement. De nouvelles spécialités apparaissent régulièrement sur le marché. L'utilisateur doit s'informer auprès de professionnels compétents au sujet de leur efficacité et des précautions qui doivent accompagner leur utilisation.

▲ Pourriture sur *Astrophytum*.

CHAMPIGNONS

Des mesures de prophylaxie préventives permettent souvent d'éviter ces désagréments : aération régulière des locaux, désinfection méticuleuse des récipients et des outils.

Fonte des semis (Pythium) : des produits à base d'oxyquinoléine permettent de stopper rapidement la maladie.

Botrytis : sur les plantules et les tiges de cactus peuvent apparaître des filaments blanchâtres que l'on élimine à l'aide de produits de traitement anticryptogamiques.

Pourriture noire : taches sombres sur l'épiderme dues à un Helminthosporium (même traitement que Botrytis).

Pourriture du collet et des racines (les tissus se décomposent) occasionnée par un Fusarium (même traitement que Botrytis).

Pourriture sèche (divers cryptogames) : moins redoutable mais dépare les plantes, dont les parties atteintes doivent être supprimées. Les produits dérivés du cuivre constituent dans la plupart des cas un traitement adéquat.

PARASITES

Cochenille farineuse (Eriococcus) : fréquente et parfois difficile à détruire, car elle est protégée par un bouclier. Pratiquement, dans la mesure où la collection n'est pas trop importante, on peut procéder de façon mécanique : lavage sous pression, enlèvement des cochenilles farineuses à la brosse. Les solutions de nicotine en application locale suffisent souvent à faire disparaître ces bestioles indésirables. Éviter cependant de pulvériser ce produit qui, bien qu'il soit d'origine naturelle, est toxique au niveau des voies respiratoires.

Cochenilles à bouclier (diverses espèces) : succombent à la suite de pulvérisations d'huiles blanches paraffiniques.

Araignées rouges (Tetranychus) minuscules acariens qui peuvent être traitées par des acaricides du commerce mais comme elles se développent essentiellement en atmosphère sèche, les bassinages réguliers suffisent en général pour s'en débarrasser.

▼ Cochenilles farineuses sur *Mammillaria*.

Index des plantes

Index des fiches de culture et des photos.

REMERCIEMENT

L'éditeur remercie Vincent Cerruti, des pépinières Cactus Estérel (203 chemin de Maupas, 83600 Bagnols-en-Forêt - tél. 0494406673) pour les photos de Cactées prises dans ses collections (une grande partie des photos détourées de l'ouvrage).

ADRESSES UTILES

Collections à visiter

Les plus importantes collections de Cactées ouvertes au public se trouvent à : Principauté de Monaco, Jardin Exotique (Alpes maritimes) ; Paris et Versailles-Chèvreloup : Serres du Muséum national d'Histoire naturelle. En France, plusieurs jardins botaniques, notamment ceux de Rouen, Toulouse, Lyon et Nancy entretiennent aussi de belles collections de Cactacées et autres plantes succulentes. Ailleurs en Europe, il existe également de très prestigieuses collections ouvertes au public, en Allemagne à Berlin-Dahlem, Heidelberg, Munich, Francfort-sur le-Main ; en Grande-Bretagne à Kew Gardens et à Edimbourg, en Suisse à Zurich. Aux USA, Zurich en Suisse, le Desert Botanical Garden de Phoenix (Arizona) présente lui aussi de très remarquables collections publiques de Cactées et autres plantes succulentes.

Association

Les amis de *Terra seca*
www.terraseca.org

CRÉDITS PHOTOGRAPHIQUES

Toutes les photographies sont de l'auteur, sauf :
F. Boucourt : 2, 7, 11, 24, 25, 26, 27, 30, 33, 40, 41, 1re de couverture et rabat.
Fotolia/Fanchy : 34
W. Hans, Kakteen-Willi : 10, 36, 77b
H. Bertrand : 77h
B. Henri : 102b.
Mise au Point/MAP : 19, 42h, 51, 69, 70h, 89b (A. Descat) ; 44g (A. Guerrier) ; 16b, 126 (P. et N. Mioulane) ; 20 (F. Strauss).
B. Pichon-Clarisse : 5, 6, 17, 22, 23, 29, 40, 44h, 56b, 70b, 72b, 106.
Plant Pictures World Wide/D. Smit : 48h, 49, 50, 51 (h et b), 60b, 66, 67, 108b, 123.
D. Straatemeier ; 62, 65, 4e de couverture.

Illustrations : Mickaël Mourot.

ISBN 978-2-84138-495-2

24 rue de Mogador 75009 Paris
Tél. 01 48 05 03 03
Fax 01 48 05 02 04
www.editions-ulmer.fr
Réalisation : Julia Verneau
Impression : Printer Trento

FSC www.fsc.org MIXTE Papier issu de sources responsables FSC® C015829

Dépôt légal : janvier 2011
Printed in Italy

N° d'édition : 495-04